NÓS QUE ESTAMOS AQUI AGORA

Também de Jostein Gaarder:

A biblioteca mágica de Bibbi Bokken
A garota das laranjas
Anna e o planeta
Através do espelho
O dia do Curinga
O mundo de Sofia

JOSTEIN GAARDER

Nós que estamos aqui agora

Uma filosofia de vida

Tradução do norueguês
Kristin Lie Garrubo

Copyright © 2024 by Jostein Gaarder
Publicado originalmente em 2021 por Kagge Forlag.
Publicado mediante acordo com Oslo Literary Agency.

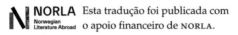 Esta tradução foi publicada com o apoio financeiro de NORLA.

O selo Seguinte pertence à Editora Schwarcz S.A.

Grafia atualizada segundo o Acordo Ortográfico da Língua Portuguesa de 1990, que entrou em vigor no Brasil em 2009.

Título original
Det er vi som er her nå: En livsfilosofi

Capa e ilustração de capa
Nik Neves

Preparação
Rachel Rimas

Revisão
Huendel Viana
Gabriele Fernandes

Dados Internacionais de Catalogação na Publicação (CIP)
(Câmara Brasileira do Livro, SP, Brasil)

Gaarder, Jostein
    Nós que estamos aqui agora : Uma filosofia de vida / Jostein Gaarder ; tradução do norueguês Kristin Lie Garrubo. — 1ª ed. — São Paulo : Seguinte, 2025.

    Título original: Det er vi som er her nå: En livsfilosofi.
    ISBN 978-85-5534-362-9

    1. Gaarder, Jostein, 1952- – Filosofia I. Título.

24-219930   CDD-100

Índice para catálogo sistemático:
1. Filosofia   100

Cibele Maria Dias – Bibliotecária – CRB-8/9427

Todos os direitos desta edição reservados à
EDITORA SCHWARCZ S.A.
Rua Bandeira Paulista, 702, cj. 32
04532-002 — São Paulo — SP
Telefone: (11) 3707-3500
www.seguinte.com.br
contato@seguinte.com.br

Sumário

Prefácio, 7

Um mundo encantado, 11
Joaninhas, 16
O telepata, 19
Meu avô, 26
Parapsicologia, 30
O sobrenatural, 34
O planeta Terra, 42
O cronômetro, 45
Tempo e espaço, 51
Tempo geológico, 58
Sinais de rádio, 68
A sustentabilidade do planeta, 74
Fósseis ópticos, 83
Ratatoskr, 89
O ortopedista e o astronauta, 96

Nove cérebros, 100
Questões mundanas, 110
Brilho vespertino, 123

Agradecimentos, 131

Prefácio

Queridos Leo, Aurora, Noah, Alba, Julia e Máni,

Acabo de me sentar em frente à tela do computador para lhes escrever uma carta e estou sentindo um friozinho na barriga. É estranho me dirigir a vocês dessa forma.

A ideia é que estas palavras se tornem um pequeno livro que outras pessoas possam ler. Esse tipo de texto — que qualquer um pode ler, embora tenha sido escrito para uma pessoa específica, ou apenas para um pequeno grupo — costuma ser chamado de "carta aberta".

Portanto, vocês não terão acesso a esta carta antes de ela ser publicada. Mas não fiquem chateados, porque não pretendo contar a ninguém sobre o livro até que ele "saia do prelo", como se diz, ou seja, até que seja publicado por uma editora. Não vejo a hora de colocá-lo nas mãos de vocês. Já planejei tudo, e imagino que será um momento solene, tanto para vocês quanto para mim. Depois decidiremos se vocês receberão a carta do seu avô um de cada vez ou se faremos uma festa em casa para comemorar a ocasião com todo mundo.

Não é a primeira vez que escrevo uma carta literária. Escrevi vários livros nesse formato, mas sempre dirigidos a pessoas fictícias.

A única exceção foi a carta de uma mulher — que me diverti escrevendo — para um famoso bispo e Padre da Igreja que viveu no Norte da África há quase 1600 anos. Eu queria dar voz a essa mulher, como se diz. Ela era uma pessoa real, que conhecemos das *Confissões* do próprio bispo, mas a respeito de quem não sabemos muito além do fato de que foi expulsa de casa por esse homem após muitos anos de vida em comum. Nem sabemos o nome dela, mas eu a chamei de Flória Emília.

Obviamente, o bispo nunca chegou a ler a carta de Flória, mas eu queria que o maior número possível dos seguidores dele de hoje tivesse a oportunidade de ler, e no livro brinquei com a ideia de que o homem de fato recebeu uma carta da infeliz mulher, a quem já havia amado tanto.

No entanto, o Padre da Igreja havia feito uma escolha. Ele tinha optado por se dedicar a uma vida eterna além-túmulo em vez de se devotar ao amor por uma mulher em sua vida terrestre, pois acreditava que uma impossibilitaria a outra.

No nosso caso, talvez o mais importante seja notar como ele se propôs a sacrificar tanto de sua vida neste mundo por uma série de ideias sobre um *outro* mundo. Decorridos mais de 1600 anos, a questão ainda se mostra relevante, e são esses tipos de discussões filosóficas que este livro abordará.

Para mim, o que é completamente novo é escrever uma carta aberta endereçada a pessoas reais que estão vivendo agora. Vocês, três meninas e três meninos, têm idades diferentes que, no momento em que escrevo, vão de algumas poucas semanas de vida a quase dezoito anos. No entanto, têm algo em comum, e não me refiro ao avô paterno. Não, não. Falo de algo bem diferente e muito mais importante:

todos vocês nasceram no século XXI, e a maioria de vocês, espero que todos, percorrerá todo o século antes de por ventura ter a chance — já no crepúsculo da vida — de dar uma espiada no próximo.

Eu mesmo nasci em meados do século XX. Isso significa que este texto abrangerá mais de 150 anos. Não hesito em declarar que justamente esse século e meio pode figurar entre os anos mais decisivos da existência da humanidade e, por consequência, também da história do nosso planeta.

Preciso dividir algo com vocês e tenho um pequeno repertório de perspectivas que gostaria de lhes apresentar. Eu me refiro a reflexões sobre a vida, sobre a civilização humana e sobre nosso vulnerável planeta no espaço sideral. Espero conseguir expor essa reflexão de forma mais ou menos coesa, mas também vou tentar me ater a um tema por vez.

Além do mais, vou fazer uma ou outra pergunta ao longo do caminho. Para algumas delas, eu mesmo nunca conseguirei achar uma resposta, mas muitas vocês um dia serão capazes de responder, caso leiam esta carta (de novo!) alguma vez perto do final do século. Só não tentem me responder. As respostas nunca chegarão a mim, assim como a carta de Flória não teve como chegar ao bispo norte-africano.

Nada nos impede de nos dirigir a nossos descendentes, ou às futuras gerações. No entanto, aqueles que vêm depois de nós jamais poderão atender aos nossos chamados.

Para explicar o que quero dizer, é melhor eu fazer uma pergunta agora mesmo:

Como será o mundo no final do século XXI?

É interessante questionar isso desde já — quanto antes, melhor —, porque, embora ninguém saiba a resposta hoje, cabe a nós que vivemos agora *criar* o final do século XXI. Bem, "cabe a nós criar o final do século XXI" talvez seja uma frase um pouco exagerada. Forte, até. Mas vocês entendem o que quero dizer e, num futuro distante, terão a oportunidade de refletir sobre o que levou seu avô a escolher tais palavras.

Vocês têm idades diferentes e, para os mais jovens, é melhor esperar alguns anos para ler o que escrevo. Neste livro me dirijo a meus netos adultos, e com isso me refiro aos que têm mais de dezesseis ou dezessete anos. Isso significa que Aurora e Leo já têm idade suficiente para acompanhar o avô em sua iminente viagem nas asas da imaginação, pelo menos em grande parte dela. (Ainda assim, pode ser uma boa ideia acessar obras de referência de vez em quando, pois sem dúvida usarei uma série de termos e conceitos que talvez vocês não conheçam). Ao mesmo tempo, tenho a esperança de que este livro venha a ser lido várias vezes à medida que vocês crescerem e ganharem mais experiência de vida. Por isso, escrevo também para Noah, Alba e Julia. E escrevo para você, meu pequeno Máni. Bem-vindo ao mundo! Enquanto o faço, vejo todos vocês diante de mim.

Escrevo para seis jovens rostos. Que oportunidade, que privilégio! Seis jovens cidadãos do mundo!

Um mundo encantado

Cresci no que, à época, era um subúrbio recém-construído nos arredores de Oslo. O bairro se chamava Tonsenhagen, e me mudei para lá com três ou quatro anos. Morei no mesmo lugar por mais uns dez, e o que carrego comigo desse período é uma série de imagens claras mas desconexas, como se vistas no fundo de um caleidoscópio comprido e pouco iluminado.

Vou destacar aqui um desses fragmentos, um dos mais nítidos.

Certa vez, em pleno dia, talvez fosse um domingo, de repente tive um sobressalto e vi o mundo pela primeira vez. Era como se tivesse despertado em um mundo encantado. O canto dos pássaros era vibrante e plácido, como se produzido por flautas. Na rua, as crianças brincavam, felizes e extasiadas. Tudo era um conto de fadas, um milagre. E ali estava eu, em meio a um segredo profundo e insondável, um enigma que ninguém era capaz de adivinhar, encapsulado dentro dele, como se tivesse entrado por engano em outra realidade, outra bolha, com um toque de Branca de Neve e Cinderela. Rapunzel. Chapeuzinho Vermelho.

O encantamento em si durou apenas segundos, o choque do indecifrável, mas a eletricidade doce daquele momento permaneceu no meu corpo por muito tempo e desde então nunca mais me abandonou.

No decorrer dos mesmos segundos, soube pela primeira vez que um dia ia morrer. Esse era o preço por estar aqui.

Viver naquele conto de fadas era maravilhoso, a realização de um desejo imenso, mas eu só estava de passagem. Dar-me conta disso foi insuportável: eu não pertencia a este lugar, não tinha um lar fixo em canto algum.

Só tinha um vínculo passageiro com o mundo enquanto durasse. Enquanto *eu* durasse.

Este não era meu lar. Eram as crianças com ar de elfo que pertenciam a este mundo.

Eu estava sozinho no mundo, assim como se está sozinho em um sonho. Quando o sonho é visitado por outras pessoas — em participações especiais —, continuamos tão sozinhos quanto antes. As almas não confluem. Elas só fluem, lado a lado.

Eu sentia essa distância sonolenta em relação às outras pessoas mesmo quando estava acordado. E ainda assim precisava contar minha experiência a alguém.

No entanto, não incomodei meus amigos com isso. Como explicaria tal sensação para eles?

No caminho da escola, falávamos sobre Yuri Gagarin — que tinha ido para o espaço! —, os cavalos do jóquei ali perto ou as Olimpíadas de Inverno em Innsbruck... Quem nos dera ter um contador Geiger. Com ele a gente poderia encontrar um monte de urânio e ficar riquíssimos... E se o Rolls-Royce enguiçasse, um helicóptero chegaria instantaneamente com mecânicos para consertar o carro...

Eu não podia confiar aos rapazes que achava "estranho" viver, ou que eu, um menino saudável de uns onze ou doze anos, tinha medo de morrer. Isso quebraria completamente nossa dinâmica, que dependia de certa previsibilidade. Nada de ficar falando bobagem!

Decidi, então, procurar meus professores e pais. Com certeza eles teriam uma compreensão mais profunda das questões relacionadas à vida e à morte. Afinal, eram *adultos*.

Lancei o desafio. Não é estranho estarmos vivos?, indaguei. Não é estranho o mundo existir? Ou qualquer coisa existir?

Mas eles eram mais vazios do que as crianças. Pelo menos mais vazios do que eu mesmo me sentia. Talvez tivessem crescido e *superado* essa estranheza em relação à existência.

Eles só olharam para mim como se o estranho fosse eu.

Por que não falaram simplesmente que sim? "Sim, é mesmo estranho pensar que estamos vivos", poderiam ter dito. Poderiam até ter admitido que era um pouco misterioso. Ou completamente louco, insano! Mas, pelo que entendi, só ficaram incomodados por terem que lidar com as perguntas que eu havia feito. Pode ser que estivessem com medo do que mais eu inventaria de perguntar. Com uma expressão aflita, eles desviavam o olhar. Era devastador, porque eu havia descoberto o mundo!

A princípio, devo ter parecido desconcertado e meio desajeitado. Será que eles me acharam chato? Será que havia alguma coisa que eu tinha ignorado ou não entendido direito, talvez algo sobre a morte? Afinal, o que sabia eu sobre a vida?

Ou será que os adultos só não queriam falar sobre o mundo?

Sobre o fato de que algo existia! Que algo passou a existir!

A esse respeito, não havia nada a dizer.

Isso foi no início da década de 1960 e talvez numa época em que a maioria dos adultos já não tinha tanta certeza de que o céu e a Terra realmente haviam sido criados por um Deus todo-poderoso em seis dias.

Eu conhecia muito bem aquela história, aprendemos na escola. Tivemos que estudar a contundente narrativa nas lições de casa e, pelo menos em uma ocasião, com risco certo de ter que recontá-la na frente da sala inteira no dia seguinte. Mas a essa altura nenhum dos adultos mencionava aquela história.

Os questionamentos que eu havia feito não pareciam ter a ver com as aulas de religião, nem com educação cívica, nem mesmo com geografia. Eram simplesmente perguntas descabidas, mais ou menos como pedir uma explicação sobre como eram feitos os bebês, que do nada começavam a se mexer dentro da barriga das mães. *Aquela* questão eu já tinha desvendado.

Tendo encontrado um livro ilustrado atrás dos outros na estante, havia me dado conta de que bebês novinhos em folha estavam sendo gerados no ventre de suas mães o tempo todo, por um motivo inominável, mas era assim que o mundo funcionava, e não havia nada a fazer quanto a isso. Só não se podia revelar às crianças exatamente como as coisas se passavam — elas não precisavam saber de todos os detalhes desse espetáculo —, pois não suportariam o fardo da vergonha dos pais, e eu não era nenhuma exceção. Depois de folhear aquele livro, nunca mais consegui recuperar a mesma relação segura e mundana ao ver uma mãe empurrando um carrinho de bebê.

Mas essa questão — de onde vem o mundo? — era, de certa forma, um assunto ainda mais constrangedor para abordar com minha mãe e meu pai na sala ou na cozinha à plena luz do dia.

Eu ergueria os olhos para eles e acrescentaria, quase suplicante: mas então vocês acham que o mundo é totalmente normal?

Seria a gota d'água. Sim, o mundo é completamente normal, eles me garantiriam, mas é claro, *completamente* normal.

Talvez isso fosse dito em um tom de voz levemente categórico. E depois prosseguiriam: acho que você não deveria ficar pensando demais nesse tipo de coisa.

Nesse tipo de coisa?

Eu achava que compreendia o que eles queriam dizer. Que eu poderia enlouquecer se pensasse demais sobre o mundo não ser um lugar normal.

Meus pais e professores acreditavam piamente que o mundo — o próprio mundo! — era algo bem banal. Pelo menos foi o que me disseram. Mas eu sabia que ou estavam mentindo, ou estavam enganados!

Sabia que quem estava certo era eu, e decidi nunca ficar adulto. Prometi a mim mesmo que jamais seria alguém que visse o mundo como se não fosse nada de mais.

Muitos anos mais tarde, assisti ao filme *Contatos imediatos do terceiro grau*, de Steven Spielberg.

O raciocínio por trás do título era que quem vê um óvni no céu tem a experiência de um "contato imediato" de primeiro grau, enquanto quem vê provas físicas de visitas de "alienígenas" tem um contato imediato de segundo grau. E quem tem a sorte — ou o azar — de ficar cara a cara com extraterrestres, passa por um contato imediato de terceiro grau. Certo, mas e *daí*?

No entanto, ao sair do cinema naquela noite, me dei conta de que nem essa última experiência era grande coisa. Pessoalmente, eu tinha vivenciado um contato imediato de *quarto* grau.

Eu mesmo era um alienígena cheio de enigmas, e pensar nisso fez meu corpo inteiro estremecer.

Desde então, refleti sobre isso muitas vezes. Toda manhã acordo com um alienígena na minha cama. E esse alienígena sou eu!

Joaninhas

Certa vez na adolescência, tive uma experiência completamente diferente. Eu estava sozinho, no meio da floresta, era início de outono. Ainda me lembro das bagas de tramazeira, das ramas de mirtilo e da urze fresca.

Acordei no urzal, dentro de um saco de dormir verde que havia usado em todos os passeios com os escoteiros, uma fase que já tinha ficado para trás.

Por que eu estava ali? Bem, eu estava matutando sobre uma coisa, uma coisa complicada, e aí fui fazer um passeio na floresta, onde acabei dormindo a céu aberto.

Ao acordar, porém, não consegui vislumbrar céu algum acima de mim. Uma densa neblina havia se instalado sobre a paisagem, chegando talvez até a copa das árvores, e eu continuei deitado no crepúsculo matutino, estudando as joaninhas, as aranhas e as formigas no chão da floresta debaixo de mim, pequenas criaturas tão cheias de vida.

De repente, naquele instante, senti de corpo e alma que eu *era a natureza*, tal e qual esses bichinhos microscópicos no musgo e na urze. Logo surgiu também um pensamento mais profundo: eu era composto das mesmas moléculas que compõem todas as coisas vivas à minha volta. O repertório era diferente, mas as notas eram exatamente as mesmas.

Eu não estava só de passagem no mundo, como que numa visita relâmpago a uma aventura psicodélica. Estava no meu hábitat, como o peixe na água, ou como uma aranha na urze.

Estava em casa, em meu próprio mundo, porque pertencia a esse mundo, eu *era* esse mundo. E isso continuaria, até mesmo depois de meu corpo um dia desaparecer...

Caiu sobre mim uma tranquilidade quase indescritível, uma paz incrível, que nada tinha a ver com estar descansado, pois tinha dormido mal. Mas, por um segundo ou dois, meio que me soltei e me entreguei a algo diferente, algo maior e mais caloroso. Ou me fundi com esse algo diferente, me deixando ser absorvido por ele. Parecia uma transferência espiritual entre mim mesmo e tudo que existia, uma transferência de identidade, ou talvez seja mais preciso chamar o que aconteceu de reintegração: reintegrei algo de mim à natureza.

O estado em si durou apenas alguns segundos, mas aconteceu. Durou o suficiente para que eu tivesse tempo de olhar em volta e reconhecer os troncos brancos das bétulas que emolduravam a pequena clareira na floresta onde eu havia acampado. Esses troncos eram meus, eles também eram eu. Senti um parentesco distante com os minúsculos bichinhos no chão da floresta. Sentir na pele o parentesco sutil entre mim e uma joaninha dependia apenas de quão fundo eu estava disposto a sondar.

Por alguns instantes, estive em contato com uma camada mais visceral da natureza e de mim mesmo, ou aquilo que, muitos anos mais tarde, enxergaria como uma "base primordial".

Logo me vi de volta ao saco de dormir. Retornei num pulo à minha própria existência individual.

E senti que o ar estava frio. Eu estava com frio.

E então? Será que minha experiência naquela manhã tinha sido apenas uma ilusão sensorial? Será que tinha sido influenciada por algo com que eu havia sonhado enquanto estava deitado no urzal? Ou será que realmente dissera algo sobre mim e sobre o mundo?

Afinal, as pessoas passam por muitas experiências. Dizem que sentem a presença de Deus — ou que Deus ou seus ancestrais se comunicam com elas. No meu caso, nunca tive nada assim de que me gabar.

Mas penso que o que vivi naquela manhã talvez possa resistir a uma análise mais crítica. Pois uma individualidade inflexível não é tão forçada — ou fingida — quanto uma experiência mais descontraída de estar em união com tudo, ou ainda mais simples, de apenas ser?

Eu continuaria a refletir sobre tais questões nos anos que se seguiram.

Na floresta naquele dia, tive um papel puramente passivo. De repente, fui transportado para outro estado de consciência. Vapt-vupt! E mais uma vez vapt-vupt — acabou!

No entanto, ao me lembrar disso mais tarde, me ocorreu que a transição em si poderia se dar de forma mais ativa e deliberada. A qualquer momento, eu poderia optar por içar uma vela maior e defender algo mais do que aquilo que normalmente pensava ser eu e meu. Eu poderia — pelo menos em alguns momentos — dar alguns desses saltos libertadores da imaginação.

Eu não estava apenas *na* natureza, eu *era* a natureza...

O telepata

Antes de atingir a idade adulta, tive duas experiências ao mesmo tempo intensas e conflitantes: primeiro, uma sensação doce, porém amarga, de estar de visita em um mundo encantado e, alguns anos mais tarde, uma experiência de representar algo muito maior e muito mais grandioso do que eu.

De tempos em tempos, experiências parecidas surgiram e passaram, mas se eu fosse resumir agora — como sinto a vida hoje? — seria difícil dizer. Um pouco de cada coisa, talvez. Ou muito de cada coisa.

Se comparada ao tempo em que não estaremos mais no mundo, a vida de um ser humano *é* breve. Se a vida tem um valor infinito, a perda de nosso único quinhão também é irreparável. A simples ideia dessa perda é devastadora, como ser engolido por um redemoinho criado por algo pesado que submerge em águas profundas.

No entanto, não somos apenas indivíduos. Cada um de nós representa também toda a humanidade e o próprio planeta em que vivemos.

E então surge a seguinte pergunta: o que vai acontecer com a humanidade? O que vai acontecer com o planeta?

Voltarei a essas perspectivas. Estou à procura de algo que nos conecte, que nos una. É por isso que escrevo.

Sempre gostei de fazer longas caminhadas na floresta, principalmente quando tenho um problema para resolver. Durante períodos com muitos compromissos e obrigações, já cheguei a interromper a caminhada e voltar às pressas para casa, simplesmente porque o problema se resolveu no caminho.

Lá fora, entre as árvores, às vezes paro e olho atentamente para um formigueiro, quase em transe. Tento me concentrar em uma única formiga, o que nunca é uma tarefa fácil, porque a que escolhi se movimenta para lá e para cá até eu inevitavelmente perdê-la de vista em meio à multidão — e então preciso escolher outra candidata e reiniciar o monitoramento meticuloso. Posso fazer isso por muito tempo.

Já tentei o contrário também, concentrar minha atenção no próprio formigueiro, ignorando seus indivíduos. É um exercício igualmente difícil, pois o formigueiro é habitado por alguns milhares de pequenos seres inquietos em uma interação intrincada. Ignorar essas criaturinhas enérgicas é quase se ver diante de uma ilusão de ótica.

Um possível meio-termo seria considerar cada formiga individual uma célula viva em um organismo multicelular, embora também seja equivocado, pois a rigor uma formiga individual não é uma célula num organismo indivisível. É — pelo menos também — um indivíduo singular que pode deixar o formigueiro e se perder na estrada.

O formigueiro parece tão organizado que é quase inconcebível que algo assim exista, e já me perguntei como essas criaturas minúsculas são capazes de se comunicar entre si, ou com o formigueiro, a central de onde migram e para onde (quase) sempre retornam.

A imagem do formigueiro é facilmente aplicável à população de uma cidade ou, se for o caso, também à população mundial.

Será que a humanidade não passa de um amontoado de agentes totalmente separados? Ou existem vínculos mais ou menos invisíveis entre nós?

Mais uma vez, eu estava caminhando ao ar livre. Seguia uma trilha estreita entre árvores em uma várzea coberta de mato que margeava um riacho gorgolejante. Nunca tinha visitado uma paisagem acidentada assim.

Ao me deparar com paisagens novas, às vezes me vejo com pensamentos completamente novos. Dessa vez, só fiquei caminhando e pensando no fato de que *estava* pensando. Como era possível, afinal, *pensar*? O que era isso que provocava faíscas entre meus neurônios? Entre meus 100 bilhões de neurônios!

Então, um homem se aproximou de mim. Era um sujeito comprido, um gigante mesmo. Olhando para mim com a cabeça inclinada e um ar intrigado, ele logo disse algo que eu não podia interpretar como outra coisa senão um comentário sobre aquilo que eu havia pensado: "Além do mais, há 100 bilhões de estrelas na Via Láctea", disse ele.

Levei um susto, olhei para aqueles olhos azuis profundos e senti mais uma vez o escrutínio do homem alto, ou o que quer que ele estivesse fazendo.

"Mas a Via Láctea é apenas nosso nome local para uma entre 100 bilhões de galáxias no Universo...", concluiu ele.

Fez um breve aceno com a cabeça e simplesmente apertou o passo, desaparecendo entre as árvores da trilha à minha frente.

Fiquei estupefato e não tive dúvida. Pela primeira vez na vida, havia encontrado um telepata! Era como se o desconhecido houvesse se dirigido a mim para mostrar justamente isto: que estava dentro, que estava dentro da minha cabeça naquele momento.

A sensação não era opressiva, apenas agradável. Me encheu de uma alegria intensa.

Com isso, tudo mudou. Eu estava no limiar de um novo tempo, uma nova era para o pensamento e a mente.

Comecei a perceber que eu não era só de carne e osso, mas fazia parte de algo diferente e maior, uma comunhão de almas. Que triunfo!

Nunca esquecerei esses segundos. Fiquei tão feliz!

Mas no instante seguinte acordei. O encontro com o homem misterioso não passava de um sonho.

Ele estivera dentro da minha cabeça de alguma forma, conseguiu fazer isso, disso eu tinha certeza.

Continuei deitado, olhando para a irregularidade no teto, fascinado e agitado, mas ao mesmo tempo decepcionado, desiludido.

Minha cabeça era um buraco negro. Tudo que eu pensava voltava a cair em seu próprio campo de gravitação. Nada escapava às limitações do cérebro, nem mesmo uma imagem onírica.

As ideias não flutuam livremente entre as almas, pensei. O mundo não está organizado dessa forma.

*

Bem, caros Leo, Aurora, Noah, Alba, Julia e Máni, talvez eu os tenha enganado dessa vez, quero dizer, com a história do telepata que era só um sonho. Não me sinto muito culpado, no entanto, pois lhes contei essa experiência exatamente como aconteceu.

Sonhei que encontrei um homem gigante no caminho e que ele se pôs a comentar um pensamento meu. Mas sua proeza não era tão impressionante como me pareceu à primeira vista. O encontro inspirado foi num sonho, no meu próprio sonho, onde o homem alto só teve um papel coadjuvante.

No fundo, fui eu quem li os pensamentos dele, não o contrário. Sem estar consciente disso, havia encenado uma peça onírica, na qual pretendia deixar meus pensamentos serem lidos por um "telepata". No entanto, enganei a mim mesmo, pois era eu quem lia meus próprios pensamentos. Não éramos duas pessoas naquele sonho, e sim no véu do sonho sobre o véu da imaginação.

Gostaria de ressaltar que essa revelação banal não precisa estragar nosso humor. A consciência humana — existente em um planeta de um braço espiralado da Via Láctea — ainda mantém sua posição como o maior mistério do Universo. O que o cérebro humano tem de neurônios a Via Láctea tem de estrelas!

E só para constar: não consigo lembrar de ter vivenciado qualquer tipo de transferência de pensamento lá fora no mundo desperto, embora tenha vivido muitos anos e encontrado um grande número de pessoas diferentes.

Por exemplo, ainda não tive a experiência de estar sentado num vagão de trem, ou num avião, e ver um companheiro de viagem se dirigir a mim para dizer que percebeu o que eu estava pensando. (Imaginem como seria desagradável se toda hora tivéssemos pessoas à nossa volta capazes de saber o que estamos pensando!)

Algumas poucas vezes estive do outro lado do mundo durante eventos extremamente dramáticos em casa, ou seja, na Noruega, tanto na família quanto no país, mas nunca fui alertado sobre tais eventos por telepatia.

Além do mais, divido mesa e cama com sua avó há quase meio século. Ela pode ser rápida em perceber que estou absorto em pensamentos e talvez se eles são alegres ou tristes, mas nunca foi capaz de "ler" exatamente o conteúdo do que se passava na minha cabeça. Pelo que eu saiba, nunca tivemos o mesmo sonho.

E se a transferência de pensamentos fosse uma realidade, como os fiscais de prova poderiam controlar e combater a colinha telepática? Não há nenhuma lei que obrigue o candidato a desconectar todos os seus dons telepáticos pela duração do exame.

De qualquer modo, gostaria de acrescentar que alguma forma de telepatia *poderia* ser um fenômeno genuíno, sem necessariamente contradizer as leis básicas da natureza.

Se a natureza fosse ligeiramente diferente, e o cérebro humano, ou o cérebro de certas pessoas, raras vezes pudesse funcionar como um transmissor de rádio, embora apenas em relacionamentos próximos, isso não precisaria virar os fundamentos da ciência de ponta-cabeça, nem significaria um rompimento com a visão científica do mundo. Tal fenômeno somente teria que ser investigado mais de perto, rigorosamente mapeado e depois tratado como um fato natural, algo parecido com a ecolocalização dos morcegos, a capacidade de navegação das aves migratórias e um sem-número de outras maravilhas da natureza, se limitarmos o horizonte apenas ao aparelho sensorial de humanos e animais.

Além do mais, ter a capacidade de ler os pensamentos de um membro da família — de perto ou longe — poderia se mostrar uma significativa vantagem existencial, ou seja, uma característica claramente favorável, por exemplo, em situações críticas nas quais não conseguimos entrar em contato com alguém de outra forma a não ser pela força do pensamento: "Concentre-se, meu filho, porque vou te dizer, por telepatia, como terá a maior chance de sobreviver".

Não é difícil imaginar que a capacidade de utilizar a comunicação telepática seria um nicho vantajoso do ponto de vista da biologia evolutiva. Essa característica, portanto, seria facilmente transmitida de geração em geração. No grupo populacional em que uma característica assim surgisse pela primeira vez, haveria cada vez mais telepatas ao longo do tempo, e haveria cada vez menos indivíduos que sobreviveriam sem essa vantagem.

No entanto, durante o século XX, a telepatia foi estudada tão exaustivamente que o fenômeno acabou sendo descartado, dado como inexistente. Não há fundamento empírico, e hoje o fenômeno é basicamente considerado uma hipótese científica abandonada — embora a telepatia ainda seja uma prática bastante difundida entre os mágicos profissionais e familiares brincalhões.

Óbvio, a inteligência militar já testou a fundo a possibilidade da telepatia, mas com resultados decepcionantes, e caso essa habilidade tivesse sido cientificamente comprovada, os neurocientistas do mundo teriam se dedicado exaustivamente a entendê-la. No entanto, ainda não foi atribuído qualquer prêmio Nobel de física nem de medicina pela demonstração das funções telepáticas do ser humano.

Entretanto, a última palavra ainda não foi dada. Não podemos descartar a possibilidade de que a telepatia seja um fenômeno raro mas autêntico. Só porque um fenômeno não pode ser comprovado, não significa que não existe.

A certa altura, o conceito do "cisne negro" foi usado para simbolizar o impensável, pois todos os cisnes eram brancos — até que os europeus descobriram cisnes negros na Austrália no final do século XVII.

Meu avô

Durante alguns anos da minha infância, cultivei um forte interesse por truques de mágica. Talvez eu tenha herdado parte desse fascínio do meu avô, ou seja, do tataravô de vocês. Ele faleceu antes de eu completar oito anos e naturalmente não tinha a mínima ideia de que eu escreveria esta carta a vocês, meus netos, mais de sessenta anos depois de sua partida. Mas talvez, quem sabe, em algum momento tenha passado por sua cabeça que, na plenitude dos tempos, ele teria descendentes distantes, por exemplo, os netos de seus próprios netos, que viveriam no mundo muitos e muitos anos depois de o tempo dele ter chegado ao fim, e esses tataranetos são vocês, meus queridos Leo, Aurora, Noah, Alba, Julia e Máni!

Meu avô era um craque em fazer moedas aparecerem do nada. Era como se as captasse do ar, ou simplesmente as tirasse de nossas orelhas com um abano da mão. Ele sabia fazer o contrário também: uma moeda desaparecer por completo, ou seja, voltar a zero, antes de fazê-la reaparecer num passe de mágica. Assim que terminava seus truques, sempre dava as moedas para nós, crianças.

Portanto, visitar meu avô era uma dupla alegria. Primeiro, éramos presenteados com um show de mágica impressionante e depois ganhávamos uma moeda de uma coroa cada um, o que era muito dinheiro na época, pois também havia moedinhas de um centavo — que, multiplicadas por cem, davam uma coroa. Você podia ir ao banco com cem centavos de cor marrom-clara e trocá-los por uma coroa prateada — ou vice-versa. Não me lembro do que mais irritava os caixas do banco, mas eles eram obrigados a trocar quantias de mesmo valor, quer fosse de um ou de outro jeito.

Uma coroa do meu avô não era uma coroa normal, mas uma moeda mágica, ou seja, uma moeda grátis ou livre, que não havia custado nada a ele, além do esforço mágico, mas que ainda assim tinha o mesmo poder de compra de qualquer outra moeda de uma coroa. Em outras palavras, naquela época já existia algo que pode ser comparado às criptomoedas de nossos dias.

Meu avô fazia suas mágicas com moedas apenas aos domingos, e, claro, nem todos os domingos. Ele era relojoeiro e tinha a própria e magnífica relojoaria com uma oficina nos fundos, bem no final da rua Hegdehaugsveien, onde um grande relógio ainda pende sobre a calçada, na fachada de uma loja de roupa moderna.

Ele nos deixava entrar na oficina, onde podíamos olhar dentro dos relógios *enquanto estavam funcionando*! Em constante movimento, as minúsculas molas e engrenagens lembravam insetos miudinhos ou colônias apinhadas de umas criaturinhas ainda mais indefiníveis. Ter um vislumbre dos minuciosos mecanismos dos relógios era como ser iniciado em um dos maiores mistérios do Universo, e o próprio Mestre era meu avô, que supervisionava tudo.

O mais divertido mesmo era fazer uma visita à relojoaria em horários redondos — e, de preferência, ao meio-dia —, porque todos os relógios de parede, na loja e no depósito, tocavam simultaneamente, e todos os cucos esticavam a cabecinha para fora do ninho e cuculavam em uníssono. Se bem que não eram todos que tocavam ao mesmo tempo, nem sempre, alguns se antecipavam ao grande concerto em uns dois segundos, enquanto outros hesitavam por alguns instantes. Essas pequenas imprecisões talvez fossem o mais engraçado. Ríamos quando um único relógio de repente dava doze batidas seguidas — e depois não havia mais nada, nenhum outro relógio fazia coro. E ríamos quando um relógio de parede começava a tocar vários segundos depois de todos os outros terem esgotado suas batidas. Meu avô prestava uma atenção meticulosa, e eu imaginava que tão logo tivéssemos saído da loja, ele daria uma volta para acertar os relógios novamente. Talvez fizesse isso todas as tardes.

E há outra coisa importante a contar sobre meu avô, algo sobre o qual refleti muitas vezes depois de atingir certa idade. Na sala da casa dos meus avós, havia uma pintura emoldurada de uma cena urbana. Em posição central nessa paisagem se erguia uma torre de igreja que, é claro, tinha um sino. No entanto, na fachada do campanário havia um relógio, um relógio de verdade, só um pouco maior do que um relógio de bolso. Assim, o quadro — que ficava pendurado acima do piano dos meus avós — servia tanto de obra de arte quanto de relógio de sala. Esse quadro tinha *tudo*, isto é, tudo que era importante para meu avô: a cidade, a igreja e o relógio.

Com frequência, sou lembrado de que minhas histórias — por exemplo, *O dia do Curinga* e *O mistério de Natal* — apresentam uma ou mais narrativas dentro da narrativa, como bonecas russas ou mundos dentro de mundos, e me pergunto se a velha pintura na sala dos meus avós de certa forma influenciou minha escrita, assim como os relógios que se abriam na oficina do meu avô e me possibilitavam espreitar um mundo de segredos.

Por ora, me interessa apenas afirmar que os truques do meu avô com as moedas contribuíram para que eu me tornasse um pequeno mágico. O que hoje chamamos, com certo pedantismo, de "destreza" estava sem dúvida ligado aos anos de experiência do meu avô como relojoeiro. O segredo eram as mãos dele. Meu avô tinha mãos mágicas, se é que se pode dizer isso de uma pessoa.

Poucos anos depois da partida dele, e após horas de treino, minha própria obsessão com o assunto me levou a um dia apresentar meu primeiro show de mágica para meus pais e irmãos. Tratava-se de uma seleção de truques que aprendi em livros ou vi outros executarem. Alguns dos artifícios mais elaborados eu mesmo havia inventado, e minha paixão pela mágica ganhou outra dimensão quando me tornei freguês da EGELO, a principal loja de mágica da cidade.

É claro que a essa altura eu estava ciente de que "mágica" não era outra coisa senão manipulação, artimanha ou, para usar o termo erudito, ilusionismo. Assistindo a alguns shows profissionais nas festas de fim de ano da escola, por exemplo, eu às vezes ficava em dúvida mesmo assim, e esta era a intenção, afinal: fazer a plateia acreditar que estava tendo uma experiência sobrenatural.

Parapsicologia

No início da adolescência, meu interesse pueril pela mágica foi substituído por uma curiosidade no mínimo igualmente forte pela parapsicologia. Isso inclui fenômenos como a telepatia ou a transferência de pensamento, que já mencionamos, além da precognição, a capacidade de ver o futuro, e da chamada clarividência ou vidência, que dá acesso a acontecimentos dos quais não se saberia de outra forma. Quando chamamos uma pessoa de "vidente", geralmente pensamos na capacidade de evocar esse tipo de conhecimento oculto.

Estes três fenômenos — se viessem a se mostrar uma realidade — se enquadram no conceito de PES, que, na minha juventude, foi amplamente investigado e tema de diversos livros. A sigla PES significa percepção extrassensorial, ou seja, uma percepção que não se realiza por meio dos sentidos. No entanto, "percepção" é um termo um pouco forçado nesse contexto. Talvez seja melhor falar em cognição extrassensorial.

Seria possível imaginar algum tipo de compreensão — por exemplo, sobre o futuro — que possa chegar a nós sem ser pelo aparelho sensorial? (Nesse caso, desconsidero os prognósticos, como as previsões meteorológicas ou outros cenários futuros parecidos.)

Afinal de contas, se fosse possível saber algo sobre o futuro, isso só poderia acontecer de forma "extrassensorial", porque o tempo só corre em um sentido. Os físicos não conseguem explicar exatamente por quê, mas o tempo aponta apenas para a frente, e mesmo as menores partículas da física não podem voltar no tempo por um microssegundo que seja, o que, por consequência, se aplica à luz também.

Além desses três possíveis fenômenos, a parapsicologia trata da chamada psicocinese, que significa a capacidade de influenciar as condições físicas por meios mentais ou psíquicos.

Muitos de nós, durante um jogo de dados, já tentamos fazer as peças caírem mostrando um número específico, por exemplo, seis, ou, como no jogo *Yahtzee*, cinco dados com seis! Se algo assim fosse possível, seria classificado como psicocinese.

Será que é insensato acreditar na parapsicologia ou nutrir qualquer expectativa sobre esse fenômeno?

Ponho o assunto em cheque porque desde os primórdios da história da parapsicologia havia um desejo de provar — ou pelo menos de tornar provável — a possibilidade de o ser humano ter um núcleo de personalidade, uma "alma" ou um "espírito" livre, que sobreviveria à morte do corpo.

A primeira metade do século passado presenciou duas guerras mundiais, com milhões de mortos e de pessoas que perderam entes queridos, fato que pode ter aumentado o interesse pela parapsicologia. Dado meu desalento diante da condição de ser apenas um visitante efêmero no mundo, havia algo no projeto parapsicológico que me atraía.

Me dediquei ao estudo da parapsicologia numa época em que fenômenos extraordinários desse tipo ainda eram recebidos com certa tolerância nos meios acadêmicos. Na Noruega, Harald Schjelderup escreveu o livro *Det skjulte menneske* [O ser humano oculto], de 1961, sobre fenômenos parapsicológicos. Schjelderup já havia escrito também o aclamado *Innføring i psykologi* [Introdução à psicologia], parte obrigatória do curso preparatório de filosofia, também conhecido como *ex.phil.* ou *examen philosophicum*, porta de entrada para os estudos superiores.

Hoje a situação é diferente. As pessoas têm a liberdade de acreditar no que quiserem, mas nas instituições acadêmicas atuais há um consenso quase unânime de que não é possível dar aos fenômenos parapsicológicos qualquer tipo de confirmação científica.

Histórias de pessoas que tiveram experiências "extrassensoriais" ainda são abundantes, sobretudo na cultura popular, mas tais anedotas já não têm espaço nos meios científicos. Talvez essas crenças tenham mais a ver com nossos sonhos e desejos como humanos, e posso acrescentar que, pessoalmente, continuei lendo sobre "fenômenos paranormais" muito tempo depois de deixar de nutrir qualquer fé nesse tipo de coisa.

Por sua vez, os defensores de eventos parapsicológicos, ou seja, os crentes, alegam que tais fenômenos são em sua essência espontâneos ou não causais e, portanto, não podem ser provados ou refutados por meio de métodos científicos.

É nesse ponto que estamos. Depois do que acabamos de aprender sobre PES, podemos nos presentear com uma pequena cena de um filme. Ainda não decidi se é um thriller psicológico ou um filme de gângster, mas talvez haja um pouco de cada. Seja qual for o gênero, estamos falando de uma produção de segunda categoria:

Um casal aprumado — ele, de smoking, com um lenço de seda branco no bolso do paletó, ela, de vestido vermelho vivo, com lantejoulas pretas e pesadas pedras preciosas no pescoço e nos pulsos — sobe a escadaria de mármore que leva a um cassino exclusivo.

Quando chegam ao topo, eles param e encaram uma pequena placa emoldurada sobre um pilar perto da porta. A câmera dá um zoom na placa, que avisa o seguinte: "Pessoas videntes são aconselhadas a não visitar o cassino".

A cena foca no rosto da mulher, que pisca para o homem ao seu lado (talvez ela dê uma piscada para a câmera também?), e um sorriso maroto se desenha nos lábios vermelhos. Ele faz um gesto decidido com a cabeça e apaga um cigarro em um grande cinzeiro de cerâmica cheio de areia.

O casal — os vilões ou os heróis do filme — é recebido em um amplo vestiário com espelhos que vão do chão ao teto. Fica claro que ninguém no local os viu antes, mas um garçom se aproxima e lhes oferece uma taça de champanhe de uma travessa de prata brilhante.

Cena após cena, o filme mostra como os dois ganham somas vultosas na roleta — para a crescente preocupação do crupiê. O tempo todo é a mulher que posiciona as fichas no tabuleiro. Ela faz apostas altas, muitas vezes empilhando torres inteiras de fichas em uma única das 36 casas, e não para de ganhar, como se de antemão soubesse exatamente onde a bola vai parar na roleta.

Será que ela tem habilidades especiais? Será que sabe, com alguns segundos decisivos de antecedência, onde a bola vai parar porque desenvolveu o dom da precognição? Ou será que controla a bola com a ajuda da psicocinese?

A essa altura, o filme deve optar por um dos caminhos possíveis: ou aquilo que aconteceu até agora tem uma explicação natural, por exemplo, uma cooperação engenhosa entre a mulher e o crupiê, ou seja, uma trapaça pura e simples, congênere do melhor das artes mágicas, ou o filme é pura comédia.

Daí se conclui que o ponto de partida da narrativa não confere. Os cassinos do mundo não exibem uma placa à entrada pedindo educadamente às pessoas videntes que fiquem longe, pois não há necessidade de tal aviso.

O sobrenatural

Muito do que é conhecido como ocultismo, ou seja, teorias sobre forças ocultas ou fenômenos sobrenaturais, não é abordado pelo que chamamos de parapsicologia.

As concepções ancestrais de que a posição dos planetas na abóboda celeste no momento em que alguém nasce pode dizer algo sobre a vida e o destino dessa pessoa, a chamada astrologia, continuam em pleno vigor. Mas, nesse caso, como em qualquer outra área do ocultismo, há limites tênues entre crenças, jogos de salão e entretenimento.

É importante notar que a arte divinatória se propõe a decifrar algo que é indecifrável por natureza, como a posição das estrelas no céu, o voo dos pássaros, as linhas da palma da mão, os desenhos da borra do café ou a sequência das cartas de um baralho.

Não dou crédito a esse tipo de coisa desde os meus dez ou onze anos, mais ou menos a mesma época em que comecei a me interessar por mágica, mas, se estou entediado numa sala de espera, pode ser que eu ainda leia o horóscopo semanal em alguma revista.

Muitas pessoas da minha geração depositaram sua última esperança de existência do sobrenatural em acasos ou coincidências notáveis, conceito também conhecido por *sincronicidade*.

O termo foi cunhado por Carl Jung, psiquiatra de grande originalidade, que explica o fenômeno como "a simultaneidade de dois eventos ligados por sentido mas não causalmente", ou também como "a coincidência, no tempo, de dois ou vários eventos, sem relação causal mas com o mesmo conteúdo significativo".

Todos nós provavelmente já passamos por algumas coincidências surpreendentes, e se decidirmos colecioná-las para satisfazer uma necessidade de acreditar em algo, pode parecer que elas ocorrem com uma frequência muito maior do que de fato ocorrem. São como bilhetes de loteria em que apenas os bilhetes premiados são exibidos.

As razões da coincidência (1973), de Arthur Koestler, um ensaio muito lido na época, aborda tanto a parapsicologia quanto a sincronicidade. No livro, Koestler tenta conectar o que muitos considerariam fenômenos sobrenaturais à física moderna. Querendo dar uma explicação plausível ao sobrenatural, o autor retrata a física atômica e o próprio mundo como algo fantasmagórico. Hoje, essa tentativa seria considerada obsoleta pela maioria. Não há nada na física atômica que indique que a "percepção extrassensorial" seja algo real.

Outro fenômeno antiquíssimo, provavelmente tão antigo quanto a própria humanidade, são as ditas aparições ou "manifestações" de seres sobrenaturais, como os espíritos dos mortos, seres divinos, anjos, duendes e trolls. Nos tempos mais recentes, tentativas de entrar em contato com os mortos têm se mostrado bastante presentes no espiritismo.

Durante uma sessão espírita, um médium conseguiria acessar a alma dos mortos e transmitir suas mensagens, mas mesmo fora do âmbito dessas sessões há um sem-fim de histórias sobre aparições totalmente espontâneas de pessoas falecidas ou de seres sobrenaturais vindos de outra realidade.

Escrevo sobre esse fenômeno no meu livro *O castelo nos Pirineus*. Os personagens principais são Steinn e Solrunn, que estavam em um relacionamento amoroso intenso. No entanto, durante uma viagem pelo país, eles tiveram uma experiência traumatizante, algo horripilante e desorientador, que nenhum dos dois era capaz de explicar, mas que acabaram interpretando de formas tão diferentes que se tornou impossível ficarem juntos.

Depois de muitos anos, eles se reencontram no exato lugar onde o inexplicável aconteceu — mais uma coincidência! —, e o que se segue é um diálogo entre duas visões de mundo distintas. Por fim, ocorre outra coincidência sinistra...

Dentro dos parâmetros dessa narrativa, penso que não tomo o partido da visão científica de Steinn em detrimento da interpretação espiritual de Solrunn sobre o que se passou algumas décadas antes, e nesse caso é Solrunn que de certa forma tem a última palavra.

Mas, para mim, a fábula fala essencialmente de como as pessoas podem ter um excesso de crenças e às vezes somos capazes de "ver" um pouco mais do que aquilo que de fato nos cerca.

Certa vez, conversei sobre o assunto com uma grande amiga que jamais imaginei ligar para superstições ou algo do tipo. Ela afirmou que eu não deveria fazer tais suposições, e então contou a seguinte história, no início com um tom um pouco hesitante, que foi ficando cada vez mais exaltado:

Após um rompimento amoroso, ela passou por um período difícil e se instalou por alguns dias em um velho sítio nas montanhas. Ali, olhou de relance para uma das janelas da sala, que dava para o pasto, e de repente viu nitidamente duas figuras atravessando o pátio do lado de fora, uma um pouco mais alta que a outra, mas ambas pequenas e silfídicas. Ela as observou por alguns poucos segundos — e então as figuras desapareceram.

Minha amiga tinha certeza absoluta de que os seres que viu não eram muito altos, pois sobre o pátio estava esticado um varal que balançava pouco mais de um metro acima do chão, e as duas criaturas míticas tinham passado por baixo da corda sem precisar agachar.

Permaneci sentado, ouvindo atentamente enquanto ela falava. Ela conseguiu recriar a atmosfera singular do que havia vivenciado. Achei sua história bonita, emocionante, e eu tinha certeza de que minha amiga falava a verdade.

Passado algum tempo, me ouvi perguntar: "Você acha que teria conseguido filmar o que viu, se tivesse uma filmadora à mão?".

Isso foi muito tempo antes da era dos smartphones.

Ela ficou completamente imóvel, então balançou a cabeça e respondeu: "Não, talvez não...".

Era como se ela lentamente tivesse se dado conta de algo.

Ver para crer, diz o ditado. Mas nem sempre é preciso acreditar no que vemos.

Nem todos que dizem ter visto um fantasma estão mentindo.

O livro *Através do espelho*, que escrevi muito antes de qualquer um de vocês ter nascido, também tem uma espécie de narrativa dentro da narrativa — mais ou menos como o relógio da torre da igreja na antiga pintura na casa dos meus avós.

Acamada em seu quarto, Cecília Skotbu está doente, e é quase certo que morrerá. Entre as personagens à sua volta, o livro nos apresenta seu pai e sua mãe, seu irmão Lars, seus avós e sua amiga Marianne. Quando Cecília está sozinha em seu quarto, porém, sobretudo à noite, ela recebe visitas do anjo Ariel.

Ariel tenta entender como é ser uma pessoa de carne e osso, enquanto Cecília tenta fazer Ariel revelar alguns segredos celestiais. Assim se desenrola um encontro entre o Céu e a Terra, o tempo e a eternidade...

Mas será que Cecília realmente encontra um anjo e será que o autor da história acredita mesmo nesse tipo de coisa? Já me fizeram essa pergunta muitas vezes, e na verdade não achei muito difícil respondê-la.

Nunca me ocorreu que essa narrativa pressupunha a crença nos anjos. O raro encontro entre Céu e Terra pode se passar inteiramente na cabeça de Cecília, por exemplo, durante o sono. Além do mais, ela está fortemente medicada, e o contraste entre o tempo e a eternidade não se torna menos válido por isso.

Portanto, no processo de escrita, duas táticas foram importantes para mim: é claro que os outros membros da família nunca poderiam ter o menor vislumbre de Ariel. Estragaria toda a história. Mas o mais importante: eu precisava fazer com que o anjo o tempo todo falasse e raciocinasse dentro dos parâmetros plausíveis de ideias que poderiam surgir na consciência da própria Cecília.

Cecília tem uma (falsa) noção de que Ariel é dotado de uma consciência independente, ou que ele é um ser independente. Convém fazer uma comparação com o homem alto que sonhei ter encontrado numa trilha na floresta. Esse "telepata" não podia me dizer mais sobre o número de galáxias no Universo do que eu — na melhor das hipóteses — seria capaz de lembrar sozinho. E Ariel não podia revelar "segredos celestiais" que Cecília não seria capaz de imaginar. Por isso, o interrogatório ao anjo prossegue um pouco devagar. Cecília pergunta mais do que Ariel consegue responder.

Ela faz uma série de perguntas complexas ao anjo, e algumas das respostas que o anjo lhe dá a surpreendem. Embora, no final de contas, talvez seja Cecília que surpreenda a si mesma.

Muitos dos meus livros têm uma dimensão fantástica desse tipo. Sempre tive um fascínio pela imaginação humana, mas qualquer fantasia é a fantasia de *alguém*. Para mim, esse simples princípio tem servido de diretriz literária.

Sempre senti necessidade de "ancorar" a dimensão imaginária da narrativa em um personagem específico. Assim, um aspecto psicológico ou sensorial é interpretado como algo fantástico. Onde falta essa âncora, o resultado não passa de "fantasy" (ou, em minha opinião, fantasia em ponto morto), ou seja, um gênero literário totalmente difuso e sem foco, que nunca me interessou muito.

Me senti um pouco mais próximo da minha amiga após seu relato da visão das duas criaturas míticas que atravessaram o pátio na frente da casinha do sítio nas montanhas. A narrativa expôs algo de sua psique, algo pessoal — que, por sua vez, também tocou em algo profundamente humano.

E quem sabe fantasias sejam como perfume: se é para eu apreciar a fragrância de um perfume, tem que vir da pele de uma pessoa viva. Da mesma forma, para uma história fantástica me impressionar, precisa ter um toque de algo individualmente humano.

Deve ser por isso que uma mulher pode dizer que encontrou o perfume certo para si — ou que determinada fragrância é "sua". Também deve ser essa a razão para as perfumarias testarem o produto no pulso da cliente.

O forte odor do perfume puro, ou seja, "direto do frasco" e sem contato com a pele, só me deixa enjoado e nada mais.

Histórias de milagres e testemunhos de revelações sobrenaturais não são apenas um ingrediente recorrente em lendas e crenças populares. Esse tipo de "fé na revelação" constitui também a base das religiões e, nesse sentido, ajuda a tornar esses sistemas de crenças reconhecíveis como fundamentalmente humanas.

Se formos discutir a sério se os seres sobrenaturais realmente existem, algo que acho que deveríamos fazer, gostaria de expressar algumas percepções diferentes:

Desde sempre, as pessoas tiveram uma variedade de ideias e concepções sobre seres sobrenaturais. Apesar disso, é possível que, na história da humanidade, nunca tenha acontecido de tais seres se revelarem ou de alguma forma se declararem para qualquer pessoa ou qualquer povo, e a explicação para isso pode ser a mais simples: tais seres não existem.

Não podemos descartar a possibilidade de que todas as ideias relativas a fenômenos sobrenaturais sejam puramente concepções humanas fundamentadas no próprio ser humano. Em compensação, tais ideias se reproduziram e multiplicaram com facilidade. Vários fatores podem ter sido decisivos: o manancial humano de imaginação, nossa propensão inerente para procurar conexões ocultas, mesmo onde não há nada disso a encontrar, para não mencionar nossa resistência arraigada em aceitar que a vida um dia acaba e deságua em um grande nada.

Nossas ideias ligadas ao sobrenatural provavelmente nunca se desgrudarão de nós, pois somos humanos.

Por isso, meus queridos Leo, Aurora, Noah, Alba, Julia e Máni, não me surpreenderia se um ou mais de vocês em algum momento se identificasse com uma fé em algo sobrenatural. Saibam que de mim não virá qualquer crítica a isso. (Talvez apenas uma pequena pontada de inveja...)

Advertir as pessoas contra a fé ou a superstição é quase como adverti-las contra a amizade, a paixão ou fortes experiências na natureza. Poucas coisas são mais humanas do que essas emoções. E quase nada é mais humano do que as nossas crenças.

No entanto, o pastor e salmista dinamarquês Grundtvig ressaltou algo que ainda faz sentido. Ele disse: "Primeiro humano, depois cristão". Na Dinamarca de hoje, ele poderia muito bem ter dito: "Primeiro humano, depois muçulmano".

Ou também — afinal, pode ser igualmente importante lembrar: "Primeiro humano, depois ateu". Na sua empolgação, os ateus também podem se comportar como intolerantes e "inumanos". E também podem estar errados. Quando o assunto é fé, operamos sem gabarito.

Independentemente de nossas crenças e opiniões, é importante lembrar que, em primeiro lugar, somos humanos.

Estou disposto a ir mais longe: *em primeiro e último lugar*, somos humanos. Chegamos nus ao mundo, sem qualquer tipo de bagagem (exceto um conjunto de genes que definem um pouco quem somos). E deixaremos este mundo tão nus e de mãos tão vazias como viemos.

Agora, tenho um fio condutor que não posso perder de vista.

Ao crescer, nunca consegui superar a experiência quase transfigurada de estar de visita em um mundo encantado, mas perdido no fluxo do tempo. Saí da adolescência ainda mais desolado.

A dita parapsicologia só complicou as coisas, me mostrando apenas o mapa de uma paisagem inexistente e nada mais. O único milagre de verdade é que o mundo existe.

Enfim, tive que me reorientar. Dessa vez, foi em direção à natureza, ao Universo e ao planeta em que vivemos.

O planeta Terra

No final do ano em que completei dezesseis anos, captou-se uma das imagens mais icônicas da história da fotografia. A foto foi tirada na véspera do Natal de 1968 pela espaçonave *Apollo 8* — que acabara de passar pela face oculta da Lua — e mostrava nosso planeta azul se elevando majestosamente no céu.

A imagem foi intitulada *Nascer da Terra*, o que na verdade foi um pouco equivocado. Como apenas uma face da Lua fica virada para a Terra, o planeta não sobe pelo horizonte da Lua da mesma forma que a Lua cruza o horizonte da Terra em direção ao céu. O planeta azul-esverdeado simplesmente paira ali no céu, muito acima da árida paisagem lunar, embora em fases diferentes, parecendo a Lua vista da superfície da Terra.

A tripulação a bordo da *Apollo 8* testemunhou esse "nascer da Terra" sobre o horizonte lunar no momento em que a nave espacial saiu da parte de trás da Lua. Foi a primeira vez que uma nave com pessoas orbitou a Lua. E foi a primeira vez na história que seres humanos viram nosso próprio planeta a partir da borda de outro corpo celestial.

Mais tarde, perguntaram aos astronautas que participaram da missão o que mais os impressionou. Esperava-se que a resposta envolvesse algo como orbitar a Lua e ver de perto as crateras lunares, já que eles tinham sido as primeiras pessoas na história a fazer isso. No entanto, os três concordaram que a única coisa que realmente os deixou sem fôlego foi a vista do planeta azul em contraste com a árida paisagem lunar.

Meio século depois, no cinquentenário da fotografia, um dos astronautas, William Anders, o tripulante que havia tirado a foto e que, a certa altura, foi o embaixador dos Estados Unidos na Noruega, declarou: "Viemos explorar a Lua e descobrimos a Terra".

Muitos defendem que *Nascer da Terra* deveria ser considerado o ícone do ambientalismo moderno.

Dia 14 de fevereiro de 1990 se tornou outro marco histórico para a humanidade. Naquela data, a sonda espacial *Voyager 1*, lançada em setembro de 1977, estava saindo do sistema solar depois de explorar os planetas Júpiter e Saturno. Entretanto, a pedido do astrônomo estadunidense Carl Sagan, as câmeras da sonda foram viradas mais uma vez para o Sol a fim de tirar uma última "foto de família" dos planetas do sistema solar — na realidade, uma série de imagens que em seguida foram reunidas em um só retrato do sistema solar, visto de fora.

Em uma dessas imagens, a Terra é um pontinho azul pálido, ou *Pálido ponto azul*, como foi batizada a cena capturada e, mais tarde, também um livro de autoria de Carl Sagan. Àquela altura, a *Voyager 1* era o objeto criado pelo homem mais distante no espaço sideral, e continua sendo até hoje; talvez a sonda nunca seja ultrapassada por qualquer outro objeto criado pela mão humana.

Em 2013, foi confirmado que a *Voyager 1* entrou no espaço interestelar, continuando sua viagem pela Via Láctea. Levará cerca de 40 mil anos antes de ela se aproximar de outro astro. Os últimos instrumentos a bordo pararão de funcionar já por volta de 2030, mas a sonda transporta um abrangente disco contendo diversas informações sobre a natureza e as culturas do nosso planeta. Agora só nos resta fantasiar sobre a possibilidade de que um dia, daqui a milhares ou milhões de anos, essa informação chegará a alguns seres inteligentes lá fora, um possível testemunho temporal da vida e da civilização que há muitos e muitos anos reinava aqui na Terra.

O ponto quase invisível da imagem foi fotografado a uma distância de mais de 6 bilhões de quilômetros, ou cerca de 5,5 horas-luz. A imagem, que foi captada com uma teleobjetiva da *Voyager 1* no dia de são Valentim, 14 de fevereiro, o "dia de todos os corações", consiste em 640 mil pontos luminosos ou pixels. Mas, a essa distância, o pálido ponto azul — que é nosso mundo, nosso planeta, nossa casa — preenche menos de um pixel. Apenas 0,12 pixel!

Há milhares de anos, o ser humano perscruta o Universo, e, ao longo dos últimos cem anos, com telescópios cada vez mais potentes. Mas então viramos o telescópio e olhamos para nós mesmos.

Encontramos um grãozinho de planeta em um ponto arbitrário no Universo, e isso nos torna mais humildes, nos instiga a cuidar desse grãozinho em que vivemos.

Às vezes, quando olho para esse grão de poeira de um objeto, penso: ali estou eu! Não penso apenas que estou escondido em algum lugar nesse grãozinho quase invisível, mas que *sou* esse grãozinho, tão microscópico que parece absurdo pensar que guarda qualquer esconderijo.

A imagem foi captada no inverno de 1990. Àquela altura, eu estava em uma garagem em Store Milde, nos arredores de Bergen, escrevendo *O dia do Curinga*. Lembro de ter feito várias caminhadas noturnas naquele período. E olhava para as estrelas. Não posso dizer que avistei a *Voyager 1*, mas olhei atentamente para o Universo...

O cronômetro

No livro *O dia do Curinga*, conto a história de um naufrágio, ou de dois naufrágios, para ser mais exato: o primeiro em 1790, o segundo 52 anos mais tarde...

Antes de voltarmos ao espaço, quero incluir um capítulo sobre a antiga Era da Vela e a medição e o mapeamento do nosso planeta. Também nesse contexto, a arte da relojoaria viria a desempenhar um papel decisivo, e fico me perguntando quão bem meu avô conhecia essa história. Como a palma da mão, imagino. No início do século XX, ele trabalhou alguns anos como aprendiz de relojoeiro em Tønsberg, na época uma importante cidade de comércio e navegação marítima.

Nos séculos XVII e XVIII, quando os grandes navios à vela cruzaram os oceanos, é claro que era muito importante saber em que lugar do planeta eles se encontravam a cada momento. Mesmo em viagens marítimas mais curtas, como a travessia entre a Espanha e a Inglaterra, parte significativa da marinharia era atingir o destino exato, por exemplo, uma determinada cidade portuária na costa inglesa, e não desviar do rumo ou encalhar em recifes e escolhos, algo que poderia ter consequências desastrosas. Os muitos naufrágios tiravam a vida de milhares de marinheiros, sem falar das cargas valiosas que também se perdiam.

Calcular a latitude, ou seja, a que distância para o sul ou para o norte da linha do Equador alguém se encontrava, não exigia grande habilidade. Era só uma questão de medir o ângulo do Sol quando este atingia o ponto mais alto no céu, e, à noite, para quem se encontrava no Hemisfério Norte, o ângulo da estrela Polar.

Mas como fazer para calcular a longitude e assim descobrir sua posição nas direções leste ou oeste?

Ninguém encontrara uma boa solução para o problema, mas, em 1675, John Flamsteed foi nomeado o primeiro astrônomo real da Inglaterra e encarregado de resolver o "problema da longitude", até então o maior desafio enfrentado por aquela nação marítima. Para tanto, ele precisava de um observatório astronômico, que foi erguido em tempo recorde numa colina em Greenwich Park, a sudeste de Londres, onde antes houvera uma torre com vista para o Tâmisa e um vislumbre da cidade ao longe.

Para determinar a longitude no mar, era possível, na melhor das hipóteses, elaborar tabelas exatas sobre as posições do Sol, da Lua e das estrelas no céu, mas isso exigia que houvesse um astrônomo a bordo no navio e que, de preferência, não houvesse nuvens no céu.

Será que existia outro método para calcular a longitude no mar, além de navegar pelas estrelas?

Já na Antiguidade era sabido que uma esfera podia ser dividida em 360 graus e que a Terra demorava 24 horas para girar em torno de seu próprio eixo. O resultado são quinze graus para cada hora. Portanto, um grau equivale a quatro minutos...

Em princípio, isso significava que se o navio levasse a bordo um relógio que indicasse a hora exata no porto de partida do navio — além de um relógio que seria ajustado todos os dias para indicar a hora solar correta no mar — também seria fácil calcular exatamente a posição do navio em graus e minutos a leste ou a oeste.

Uma hora depois de o Sol estar a pino, por exemplo em Greenwich, ele atingirá este zênite quinze graus a oeste de Greenwich, e uma hora mais tarde estará mais quinze graus a oeste — digamos, a bordo de um veleiro no mar Atlântico a caminho dos Estados Unidos. (A cidade de Nova York está localizada quase exatamente 75° a oeste de Greenwich, estando, portanto, cinco horas atrás do que veio a ser chamado de Tempo Médio de Greenwich, ou TMG.)

Quem tivesse um relógio de bordo preciso, que mostrasse a hora local no porto de onde o navio havia zarpado, poderia facilmente calcular quantos graus para leste ou para oeste o navio tinha navegado.

Havia apenas um problema: no século XVII, um relógio de bordo tão exato era inimaginável. Para a época, a ideia de tal maravilha parecia tão vã quanto fantasiar sobre uma nave que pudesse dar a volta na Lua, ou sobre um telescópio que pudesse ser lançado ao espaço e dali olhar para o planeta Terra a partir do ponto mais distante do sistema solar.

Após uma série de naufrágios fatais, o parlamento britânico formou, em 1714, uma Comissão da Longitude, que também oferecia um prêmio de 20 mil libras a quem descobrisse um método de calcular a longitude no mar com precisão inferior a meio grau. Era um prêmio vultoso, o equivalente a muitos milhões de libras hoje em dia.

Portanto, ao longo dos anos, a Comissão da Longitude recebeu uma série de sugestões fantasiosas, em parte de caráter oculto, mas também ideias de medidas práticas que seriam completamente impossíveis de implementar.

Por muito tempo, as tentativas mais sérias de resolver o problema da longitude foram baseadas em observações meticulosas dos movimentos dos corpos celestes. Ainda não havia ninguém capaz de desenvolver um relógio de bordo preciso.

Sem alarde, o filho de carpinteiro John Harrison se dedicava a essa tarefa, e quase sessenta anos depois da criação da Comissão da Longitude, foi ele quem, tendo superado muitos empecilhos, finalmente recebeu o prêmio. Ele havia construído um relógio de bordo, ou "cronômetro", que era tão exato e resistente no mar que sempre podia mostrar que horas eram em Greenwich. Assim, bastava calcular a hora local para saber com exatidão em que lugar do planeta você se encontrava.

O relojoeiro autodidata passou a vida fazendo experimentos com diversos tipos de relógios de bordo, mas sua ideia básica era bastante simples: me diga que horas são em Greenwich, e lhe direi onde está.

Ainda levaria mais um século para as nações concordarem sobre onde colocar os meridianos e fusos horários do planeta. Mas, em 1884, na Conferência Internacional do Meridiano em Washington, foi enfim estabelecido que o meridiano zero atravessaria o antigo observatório de Greenwich.

O mundo precisava de uma hora universal com fusos horários regulamentados. No passado, todas as sociedades haviam considerado a hora local do lugar com base no zênite do Sol (quando o Sol está mais alto no céu): o Sol está a pino ao meio-dia. Não havia necessidade de outra indicação do tempo. Era na comunidade local que os acordos se celebravam, e num só dia não era possível se locomover muito para o leste ou para o oeste, nem a pé nem a cavalo.

A indicação da posição do Sol ao meio-dia era transmitida de geração em geração, e esse acordo tácito permaneceu inalterado até a construção das ferrovias no decorrer dos séculos XIX e XX. Somente com essa nova forma de transporte veio a demanda por novas indicações do tempo.

As pessoas até podiam manter sua hora local, mas surgiu a necessidade de estabelecer uma "hora ferroviária" para todo o território nacional. Na verdade, as tabelas dos trens exigiam horários de partida claramente definidos, independentemente da cidade de onde saíam, do destino ou das paradas.

Com o desenvolvimento do telégrafo e do telefone se tornou fundamental que o mundo tivesse uma "hora universal", dividida em fusos horários claramente definidos. A Noruega ficou no fuso horário uma hora a leste de Londres, não importando se você morasse em Bergen ou em Kirkenes. E quando foi inaugurada a Linha de Bergen em 1909, havia apenas uma tabela de horários para todo o trajeto entre Bergen e Oslo, ou Kristiania, como era o nome da cidade à época.

Saber exatamente que horas eram passou a ter uma utilidade prática.

Em 1772, quando o navegador britânico James Cook partiu em sua segunda expedição, levava consigo uma réplica exata do cronômetro de Harrison, exaltando os méritos do relógio de bordo como instrumento de navegação.

Foi com a ajuda do relógio que Cook conseguiu desenhar os primeiros e incrivelmente precisos mapas das ilhas do Pacífico. O explorador cita inúmeras vezes em seu diário "nosso fiel amigo, o relógio" e "nosso guia que nunca falha, o relógio".

No entanto, as expedições do navegador não se limitaram ao mapeamento das ilhas do Pacífico. Em sua primeira viagem de exploração, mais precisamente em 3 de junho de 1769, ele se encontrava em uma expedição ao Taiti para observar o chamado trânsito de Vênus, um raro fenômeno astronômico em que o planeta Vênus passa na frente do Sol.

Naquela época, eram conhecidos seis dos planetas que orbitam o Sol, mas ninguém tinha ideia da extensão do sistema solar, medido em milhas ou quilômetros.

Já em 1716, o astrônomo inglês Edmond Halley percebeu que a distância de Vênus poderia ser calculada observando o trânsito do planeta a partir de diversos pontos do globo. Dessa forma, poderíamos finalmente ter alguma noção do tamanho do sistema solar.

Ou seja, além de ser um dos primeiros a mapear as ilhas do Pacífico, o capitão Cook também contribuiu para a primeira medição do sistema solar.

Tempo e espaço

Para se orientar no espaço sideral, é preciso ter duas coisas em mente: o tempo e o espaço. As duas dimensões estão inextricavelmente ligadas, pois olhar para o Universo é a mesma coisa que olhar para trás no tempo.

Até a imagem que captamos de algo tão próximo como a nossa Lua tem pouco mais de um segundo de idade, portanto, pertence a um tempo diferente do nosso. A luz do Sol nos alcança com cerca de oito minutos de "atraso". A fotografia que foi tirada da Terra pela *Voyager 1*, por exemplo, não foi uma captura instantânea. Mostrava a Terra como ela aparecia da beira do sistema solar aproximadamente cinco horas e meia antes de a foto ser tirada.

Se formos além do nosso sistema solar, tais atrasos se tornarão significativos. É impossível saber como é a aparência de uma estrela que vemos no céu hoje. Sabemos apenas como ela era há muito tempo, talvez num passado remoto.

Uma estrela pode ter entrado em colapso muito tempo antes de essa "notícia" cósmica chegar até nós. E quando vislumbramos a luz de galáxias inteiras fora da Via Láctea, estamos falando em distâncias no tempo e no espaço de milhões de anos-luz.

A olho nu, duas estrelas — por exemplo, na mesma constelação — podem nos parecer vizinhas próximas no céu noturno, embora na realidade se encontrem muito longe uma da outra. A luz de uma das estrelas pode ter viajado pelo espaço há apenas alguns anos, enquanto a luz da outra está em movimento há milhares de anos.

Não existe nenhum "agora" absoluto que valha para todo o Universo. Temos que nos contentar com um limitado "aqui e agora", pois o próprio conceito de um "agora" só faz sentido para nosso entorno imediato, pelo menos se levarmos em consideração a teoria da relatividade de Einstein.

Os muitos "agoras" no Universo dependem dos muitos pontos de observação do cosmo, e não existe qualquer "superfície do presente" comum que ligue essas posições umas às outras.

Podemos nos deitar na neve ou na relva e contemplar a noite do Universo (algo que fazemos muito pouco!). Dessa posição, podemos apontar para as estrelas e as constelações e descrever o que vemos: "Olhe ali!... Olhe!".

Ainda assim, perguntar como *é* o Universo como um todo neste momento beira o absurdo. O Universo não é nada "neste momento". Tudo no Universo está acontecendo, ou se passando, e acontece à velocidade da luz.

No entanto, não é apenas a demora da luz que dificulta visualizar o espaço-tempo, ou seja, a extensão do Universo no tempo e no espaço. Além disso, as estrelas se movimentam entre si a um ritmo alucinante.

E ainda tem as galáxias, que se afastam umas das outras a uma velocidade explosiva. Vivemos num Universo em constante expansão, que começou com o Big Bang há quase 14 bilhões de anos.

*

Também na nossa rotina diária temos que nos orientar no tempo e no espaço. Não basta combinar onde encontrar uma pessoa. É preciso especificar quando será o encontro. Se seguirmos as coordenadas estabelecidas no tempo e no espaço, nos encontraremos em um ponto exato. Isso não acontecerá se combinarmos de nos vermos na esquina da rua x com a rua y alguma vez na semana que vem. Também não adianta muito combinar um encontro em Oslo no dia 26 de maio às 19h30.

Sempre foi assim e assim continua sendo, mas nos últimos anos não precisamos ser tão meticulosos ao combinar um encontro como antes, pois agora temos algumas ferramentas totalmente novas à disposição. Me refiro principalmente ao celular. Com esse dispositivo, ficou mais fácil ajustar nossos combinados. Ele também facilitou a localização de qualquer ponto de encontro marcado, e tem um relógio de precisão absoluta.

Alguns anos atrás, uma das partes poderia esquecer ou confundir a hora ou o local exato de um encontro, e se um equívoco assim acontecesse mais de uma vez, talvez desgastasse uma amizade ou um relacionamento amoroso.

Um dos dois ficaria plantado numa esquina, cada vez mais irritado porque o outro se atrasou ou parou numa esquina diferente da combinada. Uma margem de erro de um quarteirão ou de quinze minutos poderia ser o suficiente para um desencontro. Independentemente de qual dos equívocos fosse mais vergonhoso, as consequências eram as mesmas.

Hoje é possível, no espaço de poucos segundos, remarcar pelo celular um encontro previamente combinado, seja mandando uma mensagem, seja fazendo uma ligação. Podemos dar risada porque um de nós se enganou ou se atrasou alguns minutos, e é considerado normal que o mundo e nossa vida sejam administrados dessa forma flexível e ajustável.

Se quiséssemos nos encontrar numa noite de verão no início da década de 1970, simplesmente iríamos para o centro da cidade e talvez nos víssemos na rua, ou daríamos uma passada em um dos bares — na minha época havia só três ou quatro que serviriam de potenciais pontos de encontro. E se não nos esbarrássemos ali, talvez achássemos outras pessoas com quem passar o tempo, e, com um pouco de sorte, uma delas saberia exatamente onde a pessoa que estávamos procurando se encontrava naquela noite. O boca a boca funcionava.

A cidade era menor do que é hoje, mas, sem o celular, éramos pássaros livres. E isso era uma delícia.

Vivíamos mais no presente. E, enquanto escrevo isso, me recordo de um momento que nunca vou esquecer. A cena se passou comigo sentado à carteira na sala de ciências da escola de Årvoll. Eu tinha doze anos, e é possível que não estivesse prestando muita atenção na aula. Seja como for, ficava olhando pela janela.

Ali, no alto da rua, uma mulher empurrava um carrinho de bebê de um lado e do outro levava uma criança um pouco maior, provavelmente uma irmã ou um irmão mais velho.

Decidi captar aquele momento, aquele ponto específico de um cenário muito maior, aquele nítido recorte ou aspecto de... sim, em última análise, de eternidade.

Naturalmente, esqueci a maior parte das impressões que obtive ao longo da vida, mas essa não. Essa imagem ficou gravada na minha memória. Está entre os momentos mais centrais da minha vida, talvez o "aqui e agora" da minha existência!

Quando eu era criança, passávamos praticamente as férias de verão inteiras no chalé nas montanhas, aquele que ainda frequentamos e chamamos de Hengsen. Lá, não havia nem energia elétrica nem telefone, e se íamos receber a visita de alguns tios durante a temporada, era preciso marcá-la com muitas semanas de antecedência.

Jornais e cartas eram trazidos pelo caminhão leiteiro até a barraca com os tonéis de leite, lá embaixo na estradinha da montanha, e se há algo dessa época que ainda guardo no corpo são todas as idas e voltas até a barraca do leite, um quilômetro e meio para ir e um quilômetro e meio para voltar. Às vezes, tínhamos que percorrer esse mesmo trecho levando grandes mochilas nas costas para buscar os mantimentos, que também eram deixados na barraca pelo caminhão leiteiro.

Tínhamos tempo de sobra. A distância não nos preocupava. Os dias eram longos.

E, em nossas caminhadas, podíamos dar um mergulho no lago Hengsvatnet.

Meus pais eram professores, então sempre tiveram dois meses de férias, mas isso mudou abruptamente quando meu pai, ou seja, o bisavô de vocês, passou a ocupar cargos administrativos, com férias de verão consideravelmente mais curtas. A partir daí começamos a ficar sozinhos com minha mãe nas montanhas.

Se quisesse mandar uma mensagem importante para o meu pai, perguntar alguma coisa ou simplesmente conversar com ele porque estávamos com saudades, era preciso caminhar muitos quilômetros até a estação telegráfica no vilarejo e ligar para ele por chamada interurbana. A família só tinha um carro, claro, a maioria nem isso tinha, e minha mãe não sabia dirigir.

Às vezes, viajávamos para o chalé pegando o trem de Oslo até a estação de Ål, e de lá o caminhão leiteiro até as montanhas. Este último trajeto tinha mais ou menos vinte quilômetros, mas vinte quilômetros de pinga-pinga no caminhão leiteiro nos anos 1950 e 1960 não eram a mesma coisa que vinte quilômetros com os carros de hoje.

Os vinte quilômetros de pinga-pinga no caminhão leiteiro eram mais cheios. Não diria demorados, mas sim cheios.

Com muita antecedência, meus pais combinavam a data em que meu pai subiria de carro para as montanhas, e nós, as crianças, passávamos horas olhando pelas janelas que davam para o sul, procurando por um DKW azul na estradinha de terra que margeava o lago. Não era entediante, porque se um carro aparecesse na estrada, a probabilidade de ser meu pai era quase 50%.

Naquele tempo, as pessoas não tinham carro. Durante a semana, as ordenhadoras ficavam sozinhas no sítio da montanha com as vacas, os porcos e as galinhas. Eram praticamente autossuficientes. Aos sábados, os homens subiam para seus lares com algumas provisões, mas chegavam de cavalo e carroça.

Havia outros veranistas além de nós. Mesmo quando não estávamos aguardando a chegada de meu pai, uma vez ou outra avistávamos um carro na estradinha de terra, coberto de poeira e areia. Alguns dias, ficávamos plantados na cancela que dava para o pequeno povoado de sítios alpinos, à espera de algum automóvel. Assim poderíamos abrir a cancela para o motorista e ganhar alguns trocados, talvez até uma moeda de dez centavos cada um. Se eram os "americanos" que estavam chegando, costumávamos ganhar balas americanas. Nós os chamávamos de "americanos" porque moravam nos Estados Unidos durante o resto do ano.

Mas era meu pai mesmo que queríamos ver. Havia sido combinado que ele chegaria antes de irmos para a cama, ou pelo menos antes de a noite de julho começar a escurecer. No entanto, aconteceu de uma ou duas vezes ele chegar quatro ou seis horas depois do horário combinado passado para a minha mãe. Ela nos consolava, e nós a consolávamos. Podia ter acontecido alguma coisa...

Esse tipo de situação era comum. De manhã, o rádio transmitia mensagens e notícias aos viajantes, por exemplo, a campistas que, durante dias ou semanas, ficariam incomunicáveis por telefone. Uma mensagem típica seria a seguinte: "Esta é uma mensagem para o proprietário de um Ford Taunus azul com placa A-67426 que está viajando pela região de Trøndelag. Sua mãe faleceu. Repetimos: Esta é uma mensagem para o proprietário de um Ford Taunus azul com placa A-67426 que está viajando pela região de Trøndelag. Sua mãe faleceu".

Tempo geológico

Todos nós estamos em uma breve visita ao mundo, e as pegadas que deixamos são fugazes, como os círculos que se formam na superfície de um calmo lago nas montanhas instantes após um peixe saltar.

Mas o grande tempo também deixa suas pegadas, pegadas mais profundas, como percebi uma manhã no sopé da montanha Reineskarvet. Eu devia ter uns sete ou oito anos.

Depois de galgar a encosta íngreme, partindo de Reinestølen, chegamos a um platô que proporcionava uma vista mais completa do planalto, com seus lagos, rochedos e o vago contorno de alguns vales como pano de fundo.

A caminhada ali não era tão excruciante quanto a subida de momentos antes, mas exigia um bom esforço, já que não tínhamos solo firme sob os pés, e sim pedregulhos. Era como se atravessássemos um rio de pedras.

Meu pai nos contou que estávamos andando sobre uma moraina, e deve ter sido a primeira vez que ouvi essa palavra, "moraina".

Milhares de anos atrás, toda aquela vasta paisagem estivera coberta de gelo, e as pedras em que pisávamos haviam sido arrancadas da montanha e depositadas no sopé, formando cristas. Durante mais de 100 mil anos, esse país havia sido comprimido por um maciço de gelo...

Aquele dia de verão no final da década de 1950 deve ter sido meu primeiro contato com o que chamamos de tempo geológico.

Por volta dessa mesma época Charles David Keeling iniciou as medições de dióxido de carbono na atmosfera a partir do observatório de Mauna Loa, no Havaí.

Desde 1958 até hoje, essas medições contínuas mostram que a quantidade de CO_2 na atmosfera está crescendo, e já não há dúvida de que isso acontece devido à queima humana de combustíveis fósseis como petróleo, carvão e gás natural.

Os combustíveis fósseis aumentam o efeito estufa, que, por sua vez, leva ao aquecimento gradual do planeta. Dessa forma, o globo ganhou um novo medidor do tempo. Todos os anos dos séculos XX e XXI podem ser associados à concentração de partes por milhão — ou ppm — de CO_2 na atmosfera.

Antes de começarmos a extrair e queimar carvão para valer durante a Revolução Industrial, havia cerca de 280 ppm de CO_2 na atmosfera, um nível que se mantivera surpreendentemente estável ao longo de centenas de milhares de anos. A um ritmo cada vez mais acelerado, a quantidade de CO_2 no ar à nossa volta subiu para os atuais 415 ppm, o que é cerca de 50% acima do nível natural antes de começarmos a usar fontes de energia fóssil e o nível mais alto de CO_2 atmosférico em alguns milhões de anos.

Estamos falando aqui de períodos de tempo em escalas gigantescas, milhões e milhões de anos! E é *isso* que significa tempo geológico.

*

A Terra é o único corpo celeste do nosso sistema solar onde sabemos ao certo que há vida. Nas últimas décadas, os astrônomos descobriram alguns milhares de planetas, inclusive em outros sistemas solares, mas até agora não encontraram provas concretas de vida. Talvez possamos supor que a existência de vida é uma raridade no contexto cósmico.

No nosso planeta, as condições têm sido perfeitas para a fartura e o desenvolvimento da vida. Aqui, está frio o suficiente e quente o suficiente para haver uma abundância de água em estado líquido, e é justamente isso que permite o surgimento da vida como a conhecemos.

Se a órbita da Terra estivesse só um pouco mais perto do Sol, a maior parte da água do planeta teria evaporado, e se a Terra estivesse só um pouco mais distante do Sol, toda a água na superfície do planeta estaria congelada.

Vivemos em um planeta que se encontra numa "zona Cachinhos Dourados" da órbita solar. A expressão tem sua origem no conto de fadas sobre Cachinhos Dourados e os três ursos. Diante da escolha entre três porções de mingau, a menina mimada escolhe uma tigela de mingau que não está nem quente nem fria, mas no ponto certo para ela querer comer. O paralelo aqui é que os requisitos para ter vida no espaço são tão seletivos quanto Cachinhos Dourados. Não há muitos planetas rochosos que estejam à distância certa de sua estrela para permitir a existência de água líquida.

Por outro lado, os astrônomos ficariam mais impressionados se um dia encontrassem um planeta com oceanos profundos, riachos murmurejantes e rios e lagos caudalosos, mas sem sinais de vida, do que se descobrissem um planeta aconchegante e úmido assim fervilhando de vida.

A Terra é um dos oito planetas que orbitam o Sol, e o astro-rei é uma entre bilhões de estrelas em nossa galáxia, por nós batizada de Via Láctea, que, por sua vez, é apenas uma dos cerca de 100 bilhões de outras galáxias do Universo — ou *deste* universo, gostaria de acrescentar.

É apenas sobre este universo que podemos saber qualquer coisa, mas é possível que exista um número infinito de outros. Nem é algo tão improvável assim.

As forças fundamentais da natureza deste universo podem parecer espantosamente afinadas — ou ajustadas — para formar um complexo estável ou "sustentável", com astros e galáxias, átomos e moléculas, e, em função dessas facilidades, também as condições básicas para a vida.

Ter todas essas condições para o surgimento da vida pode parecer muito enigmático, mas afinal aqui estamos nós. Se não acreditamos em uma força criadora divina que "projetou" tudo isso, só nos resta supor que há um número infinito de universos onde tais características *não* se manifestaram e que, logo, habitamos um planeta muito raro.

O (nosso) universo começou com uma explosão violenta e misteriosa, o Big Bang, cujos efeitos tardios ainda testemunhamos.

O que era essa explosão — ou por que ela aconteceu — ninguém sabe dizer, pelo menos não por essas bandas. A energia da explosão deu origem aos menores componentes do Universo, os chamados "quarks". À medida que o jovem universo esfriou, os quarks formaram prótons e nêutrons e depois núcleos de hidrogênio e hélio.

Átomos inteiros com uma camada externa de elétrons só foram surgir depois de algumas centenas de milhares de anos, e eram em sua maioria de hidrogênio e hélio, os menores átomos do universo. Átomos mais pesados provavelmente se fundiram a altas temperaturas na primeira geração de estrelas, na mais poderosa do que chamamos explosões de supernovas, e os átomos mais pesados do universo provavelmente se formaram com a colisão ocasional entre duas estrelas de nêutrons.

As ligações químicas que conhecemos como moléculas surgiram por todo o universo, e três delas são essenciais para a vida em nosso planeta: a de oxigênio (O_2), a de água (H_2O) e a de dióxido de carbono (CO_2). Mais ou menos um quinto das moléculas da atmosfera são de oxigênio, e o dióxido de carbono representa pouco mais de 0,04%, ou seja, aquelas 415 ppm que já mencionamos.

O Big Bang aconteceu há 13,8 bilhões de anos, e nosso sistema solar surgiu há 4,6 bilhões de anos. Portanto, o tempo da Terra abrange um terço completo da idade do universo. Fico um pouco animado ao pensar nisso, digo, pelo planeta, mas também um pouco por mim mesmo.

Inicialmente, o globo terrestre era quente e incandescente, mas à medida que o planeta arrefeceu, surgiram moléculas complexas, ou "macromoléculas", das quais a vida é feita. Nesse estágio inicial da história da Terra, ainda não havia oxigênio livre na atmosfera, e não havia qualquer camada de ozônio que protegesse o planeta da radiação ultravioleta do Sol. Mas essas eram precisamente as condições necessárias para que uma "sopa primordial" de macromoléculas pudesse criar formas primitivas de vida, ou células vivas, e foi exatamente isso que aconteceu há mais de 3 bilhões de anos.

Não sabemos explicar ao certo como a vida se originou. Talvez tenha acontecido no oceano, mas também é possível que os ingredientes da vida tenham chegado à Terra em decorrência de colisões com outros corpos celestes — pelo menos dizem que foi assim que grande parte da água chegou ao nosso planeta, vinda de fora.

Por meio de um processo químico chamado fotossíntese, alguns organismos unicelulares primitivos começaram a produzir oxigênio livre, ou O_2, de que os animais dependem para viver. Com o tempo, se formou também uma camada de ozônio que protege a vida na Terra da nociva radiação ultravioleta.

A meu ver, é um paradoxo fascinante que as mesmas condições que permitiram que a vida no nosso planeta prosperasse e evoluísse para formar organismos mais complexos — ou seja, a presença de oxigênio livre na atmosfera em conjunto com uma camada protetora de ozônio que envolve o planeta — não poderiam estar presentes quando a vida surgiu pela primeira vez. (Na infância do planeta, oxigênio livre na atmosfera teria levado à oxidação dos blocos de construção da vida antes de eles poderem formar macromoléculas, como por exemplo aminoácidos. E uma camada de ozônio teria reduzido a radiação ultravioleta, que talvez tenha sido um importante catalisador do surgimento de vida.)

Novas formas de vida não surgem mais no planeta. A última — e provavelmente única — vez que isso aconteceu foi há mais de 3 bilhões de anos.

A vida na Terra criou uma atmosfera que absorve os raios solares e impede que eles sejam refletidos de volta para o espaço. É isso que chamamos de efeito estufa. Se o planeta não tivesse essa atmosfera com seus "gases do efeito estufa", a Terra seria muito mais fria e inóspita para a vida que conhecemos.

O efeito estufa, portanto, é um fenômeno natural, e não decorrente da ação humana. O CO_2, ou dióxido de carbono, é um importante gás do efeito estufa, e é graças a ele que não morremos congelados. No entanto, a concentração de CO_2 tem aumentado tanto ao longo dos anos, essa sim em função da atividade humana, que está levando ao aquecimento global e a outras mudanças climáticas.

Isso também é um paradoxo e tanto: se não fosse pelo efeito estufa natural, o globo terrestre seria uma bola de neve sem vida, já que a superfície da Terra estaria 33 graus mais fria do que é hoje! Entretanto, devido ao aumento — relativamente moderado — da concentração de gases do efeito estufa na atmosfera pela ação humana, partes do planeta podem superaquecer e se tornar inabitáveis dentro de poucos anos.

O CO_2 é liberado no ar pela respiração dos animais e também pela decomposição de matéria orgânica, como o apodrecimento, por exemplo. As plantas extraem o dióxido de carbono do ar por meio da fotossíntese, transformando-o em matéria vegetal que os animais podem comer. Logo, a fotossíntese gera também oxigênio livre, ou O_2, molécula de que os seres humanos e os animais precisam para respirar. Assim, os processos da vida contribuem para o equilíbrio natural de carbono.

Esse tipo de equilíbrio também ocorre na natureza inanimada. Por meio de processos geofísicos como erupções vulcânicas, o CO_2 é liberado na atmosfera. Ao mesmo tempo, o CO_2 é levado de volta ao fundo do mar por lentos processos de intemperismo e sedimentação de material orgânico morto que enfim o fazem retornar à crosta terrestre. Há muitas centenas de milhares de anos, esse ciclo tem sido quase constante, e (até recentemente) a humanidade não teve nenhum impacto sobre ele.

Usei termos como "ciclo" e "equilíbrio de carbono", mas há fatores que perturbam esse ciclo, ou esse equilíbrio, com maior intensidade. Me refiro ao carbono dos resíduos de plantas e animais de outras eras que ficou armazenado na crosta terrestre em forma de petróleo, carvão e gás natural e, portanto, esteve "estacionado" e removido dos ciclos naturais da vida.

Durante milhões de anos, essas reservas de carbono permaneceram intocadas, e então, quase da noite para o dia, os humanos começam a desenterrar o carbono, pôr fogo nele e lançar um excesso de dióxido de carbono na atmosfera. Assim surge um desequilíbrio abrupto no ciclo, uma ruptura. Há cada vez mais CO_2 na atmosfera — como Keeling demonstrou com suas medições —, fazendo a temperatura do planeta aumentar.

Embora a quantidade de CO_2 emitida na atmosfera devido às atividades humanas só seja uma fração do total em circulação no ciclo natural, ela representa um excesso de resíduos que a natureza não dá conta de confinar na crosta terrestre. O que acontece é que esse excesso de CO_2 se acumula na atmosfera e nos oceanos.

É o mesmo processo que ocorre quando nos alimentamos. Se todos os dias você ingerir mais calorias do que seu corpo necessita para funcionar — por exemplo, um waffle ou uma barra de chocolate com avelã —, vai acabar engordando. Da mesma forma, cada vez mais CO_2 está sendo depositado na atmosfera. Todos os dias, as pessoas emitem um pouco mais de CO_2 do que a Terra consegue absorver, e muito mais do que a natureza precisa para desempenhar suas funções, como dar vida a plantas e árvores.

Estamos falando de reservas gigantes de carbono que os processos naturais da Terra gastaram milhões de anos para extrair do ar e armazenar na crosta terrestre. No decorrer de uns duzentos anos, reviramos o planeta em busca dessas reservas, queimando-as num instante e liberando gases de efeito estufa. Num primeiro momento desconhecíamos os danos que essa prática infligia à natureza e ao meio ambiente, mas com o tempo passamos a conhecer muito bem os efeitos das nossas ações.

As áreas naturais também sofrem as consequências de nossa gestão falha. As florestas, os pântanos e as terras alagadiças também retêm grande quantidade de carbono, como acontece nas zonas climáticas setentrionais. Sem mencionar as florestas tropicais, que estão entre os maiores sumidouros de carbono da Terra. Além do mais, elas ocupam um lugar de destaque, considerando sua riqueza de espécies de plantas e animais totalmente únicas e insubstituíveis.

No momento, isto é, no ano de 2021, há amplo consenso global de que a humanidade precisa parar todas as emissões de gases climáticos com urgência, e é fundamental cessar a queima das florestas tropicais do planeta. Entretanto, nem todo mundo quer participar desse esforço coletivo. Existe uma pequena minoria, também na Noruega, que afirma não "acreditar" nas mudanças climáticas antropogênicas. Eles chamam os fatos de fake news, "notícias falsas". Ou como um deles disse enquanto ainda pertencia à elite política: "Não acredito nas mudanças climáticas provocadas pelo homem, porque se isso fosse minimamente verdade, os governantes teriam feito algo para remediar o problema". Esse tipo de pensamento é chamado de círculo vicioso e também pode ser descrito como um "raciocínio circular".

Muitos climatologistas afirmam que cessar as emissões de gases climáticos não será suficiente. A situação está tão precária que, além disso, precisamos encontrar métodos de remover carbono da atmosfera.

Resumindo: nas reservas de petróleo, carvão e gás natural do nosso planeta, residiram durante milhões de anos grandes depósitos de carbono que não viam a hora de ser queimados e sair na atmosfera. Desde o final do século XVIII essas reservas de combustíveis fósseis nos tentaram como o gênio da lâmpada de Aladim. "Libertem-me da lâmpada", o carbono ficou sussurrando, "e eu os servirei e os tornarei ricos e poderosos!" E nós cedemos à tentação. Agora estamos tentando forçar o gênio a voltar para a lâmpada, e isso tem se mostrado muito mais difícil do que libertar esses superpoderes.

Se todo o petróleo, todo o carvão e todo o gás natural ainda existentes neste planeta forem explorados e liberados na atmosfera, nossa civilização não sobreviverá. É pouco provável que isso venha a acontecer, pois hoje há um amplo compromisso internacional com a reestruturação radical do setor de energia, e talvez aos poucos também daquilo que associamos à "sociedade de consumo".

E mesmo assim: no momento, muitos países e chefes de Estado ainda veem como seu incontestável direito extrair e queimar todos os combustíveis fósseis em seus territórios nacionais. Isso nos leva aos seguintes questionamentos: por que não seria direito igualmente incontestável das nações com florestas tropicais fazer o que bem entenderem com suas florestas?

Qual é a diferença? Qual é a diferença, considerando o balanço global de carbono? E qual é a diferença quando se trata da perda de espécies vegetais e animais?

Sinais de rádio

Até agora, não encontramos sinais de vida em outro corpo celeste além do nosso. Isso obviamente não significa que não possa haver formas de vida simples fora da Terra nem que um dia venhamos a encontrá-las próximo de nós, como em uma lua no nosso sistema solar, se não já em Marte. Estamos apenas começando a busca por vida microscópica nos nossos vizinhos de porta.

No entanto, mesmo após anos de escuta em todas as direções, não captamos sinais de rádio de qualquer civilização distante.

Se "por enquanto" estamos totalmente a sós aqui, é plausível que civilizações inteligentes *tenham* existido em algumas ilhas espalhadas no espaço-tempo galáctico antes de haver uma humanidade capaz de receber seus sinais.

Como já vimos, se vamos nos encontrar com alguém, é preciso atingir o alvo no tempo e no espaço, e com base na nossa experiência terrena, não há razão para concluir que civilizações inteligentes durem mais do que algumas dezenas de milhares de anos, um mero instante na escala cósmica.

Ademais, é razoável supor que seres inteligentes em nossa própria galáxia seriam formados por compostos de carbono, como acontece com os seres vivos aqui na Terra. Pelo menos na Via Láctea, há carbono e água de sobra, e onde existe vida baseada em carbono mais cedo ou mais tarde é provável que se criem grandes reservas de carbono fóssil.

Portanto, para atingir certo nível tecnológico, seria natural supor que também civilizações alienígenas possam ter passado por uma crise atmosférica — ou sucumbido a uma —, como a crise climática que vivenciamos no nosso planeta hoje. Lá fora no espaço, é possível que seres inteligentes tenham explorado os combustíveis fósseis e construído uma civilização de alta tecnologia, que então lhes permitiria emitir sinais de rádio para o espaço.

Mas por que não recebemos nenhum sinal de vida desse tipo? Será que isso está ligado à queima de energia fóssil também no espaço, que consequentemente gerou uma série de atmosferas falidas?

Tal reflexão é apenas um experimento mental, um exercício especulativo e retórico. A intenção é apenas ilustrar o seguinte ponto: quanto menos nos mostrarmos capazes de cuidar da nossa atmosfera e da nossa civilização, menores serão as chances de captar sinais de outras civilizações no espaço...

Com isso, dou a palavra a vocês, queridos Leo, Aurora, Noah, Alba, Julia e Máni. Estou sentado à frente da tela do computador num dia ensolarado de primavera em 2021, e há tantas coisas sobre as quais gostaria de conversar com vocês, discutir em mais detalhes, sobretudo com você, Máni querido, quando um dia estiver grande o suficiente para pensar e se expressar. (Outra condição para tal conversa é, claro, que eu ainda esteja aqui.)

Como será que vocês estarão mais adiante no caminho, quero dizer, no século? Houve algum avanço na busca por vida extraterrestre?

Se encontrarem algum tipo de organismo simples — em uma das luas de Júpiter, por exemplo —, eu acharia a descoberta memorável, pois significaria que já não estamos sozinhos aqui. Se houver dois bilhetes premiados somente no nosso sistema solar, deverá ser grande a probabilidade de que a vida não seja um fenômeno tão excepcional quanto imaginamos até agora, e sim o padrão, com a existência de organismos vivos em inúmeros corpos celestes apenas na nossa galáxia. Como já mencionei, só agora sabemos da existência desses corpos celestes. No momento, foram identificados cerca de 4 mil exoplanetas, ou seja, planetas que orbitam outra estrela que não o nosso Sol.

Imagino essas palavras sendo lidas no final do século XXI. Qual será a situação, digamos, setenta ou oitenta anos após eu escrever isso? Será que chegou algum sinal de vida dos confins do espaço?

Não estou perguntando se já foi estabelecido um diálogo vivaz com outras civilizações, pois em função das grandes distâncias — e da irritante lentidão da luz — alguns séculos ou milênios precisam se passar entre as falas cósmicas.

Primeiro chega uma chamada a mil anos-luz de distância, do tipo: "Alô, tem alguém aí?". E então, ao receber os sinais, a humanidade responde, numa espécie de esperanto cósmico: "Sim, estamos aqui!". Essa resposta chegará à civilização extraterrestre uns 2 mil anos após seu contato inicial conosco, e só depois de mais mil anos uma possível segunda resposta nos será dada. Ou seja, 3 mil anos para dizer "Alô, tem alguém aí?", "Sim, estamos aqui!" e "Que legal! Vamos brincar?".

Será que nossa civilização será sustentável por tanto tempo? Será que nossos descendentes lá na frente, num futuro longínquo, ainda usarão uma língua que lembre minimamente qualquer língua falada no planeta hoje? Essa é uma pergunta importante.

Uma das condições para estabelecermos contato com civilizações distantes no espaço é que sejamos capazes de nos comunicar com nossos próprios descendentes, e quanto mais distante no espaço sideral uma civilização extraterrestre estiver, mais tempo nossa civilização precisará perdurar para que sejamos capazes de conversar com eles.

Isso me lembra a história de três lenhadores finlandeses sentados num abrigo de madeira bebendo vodca. Depois de uma hora, um deles levanta o copo e faz um brinde: "Saúde!". Passada mais uma hora, o segundo levanta o copo e responde: "Saúde!". Decorrida ainda mais uma hora, o terceiro companheiro de copo intervém com uma expressão indignada: "Viemos aqui para beber ou para jogar conversa fora?".

Pois bem! E aí, vocês receberam algum sinal de inteligência extraterrestre no final do século XXI? Essa é a pergunta que eu queria fazer. Em caso negativo, o que dizem os astrônomos sobre isso? E os filósofos?

Acho que preciso começar do zero e perguntar sem rodeios: vocês têm algo a contar sobre o fim do século XXI que acham que surpreenderia, chocaria ou encantaria seu avô que, há uns setenta ou oitenta anos, estava sentado aqui na frente do computador escrevendo?

Me digam! Não importa que eu não possa ouvir. Me digam mesmo assim! Então teremos pelo menos iniciado uma espécie de diálogo, ao contrário dos lenhadores bêbados na choupana de madeira.

Quando vocês eram crianças, eu costumava perguntar como estavam, e vocês respondiam da melhor forma que conseguiam, mesmo bem pequeninos, às vezes apenas com um soluço ou um grunhido. E antes disso, quando não sabiam falar, como ainda é seu caso no momento em que escrevo isto, querido Máni, eu obviamente estava ciente de que não entendiam nada do que saía da minha boca, mas mesmo naquela fase eu não conversava com vocês só de brincadeira, porque sabia que ao menos escutavam minha voz.

Agora é diferente. Vocês já não escutam a voz do seu avô. Mas, em compensação, podem — com a ajuda da palavra escrita — entender a minha pergunta. Assim como antigamente, quero saber como estão. Só quero saber como estão!

Embora agora seja eu quem não consegue entender a sua resposta.

De certa forma, nossos papéis se inverteram.

Acima de tudo, penso no que acontecerá com nosso planeta. Meu planeta. Porque também é meu, esse planeta sempre será meu, insisto nisso. Quero ser fiel à minha experiência como um triste adolescente aquela vez no meio da floresta: não só me encontro neste planeta, eu *sou* este planeta. Meu direito de residente na Terra é eterno...

Quanto CO_2 há na atmosfera no momento em que vocês leem isto? E quantos graus já subiu a temperatura média global? A meta estabelecida quinze anos depois da virada deste século foi que não deveria passar de dois graus, contados a partir do momento em que começamos a usar combustíveis fósseis. Assinado em Paris, no dia 12 de dezembro de 2015, este pacto global recebeu o nome de Acordo de Paris. Será que o plano vingou? Ou a temperatura já aumentou uns catastróficos três, quatro ou cinco graus?

Me respondam, por favor! Que mudanças climáticas o aquecimento global provocou?

Qual é a situação da calota polar da Groenlândia? Ou do gelo na Antártida? Quanto subiu o nível do mar? E, às vésperas do século XXII, o que os cientistas acham que vai acontecer? Toda a camada de gelo da Groenlândia corre perigo de derreter? Esse insidioso processo geofísico está muito avançado?

Quantas ilhas no Pacífico precisaram ser evacuadas? É só falar! Que áreas litorâneas foram tragadas pelo mar? E as cidades costeiras? O que aconteceu com elas?

Houve algum colapso fatal nos ecossistemas? O que resta da agricultura na África subsaariana, por exemplo? Como anda a segurança alimentar da população mundial?

Ainda há gnus e antílopes, elefantes e girafas, leões e leopardos vagando pelas savanas africanas? Todas as espécies ainda participam das migrações anuais entre o Serengueti e o Masai Mara? Ou apareceram alguns buracos feios nesse mosaico?

E quanto aos chimpanzés e gorilas? Ou os orangotangos nas selvas de Sumatra e Bornéu? (Não estou falando de animais em cativeiro. Estou falando das selvas. Repito, não estou falando de animais em cativeiro!)

Aliás, o que aconteceu com a Amazônia? E não me venham dizer que sim, estamos bem, obrigado, mas a grande floresta tropical da América do Sul não existe mais, foi reduzida a uma savana interminável, ou talvez a uma vasta paisagem de pradaria, uma nova terra de caubóis...

E os oceanos? A que nível de acidez chegaram? O que aconteceu com os recifes de corais? E as populações de peixe?

Ou a Corrente do Golfo?

Além disso, tenho uma pergunta que não quer calar: no decorrer do século, houve alguma guerra nuclear regional ou mundial?

Como começou? E o que aconteceu com os países e seus povos?

Não, agora não tenho coragem de perguntar mais nada!

Estou quase feliz por já não conseguir ouvir suas respostas.

A sustentabilidade do planeta

Acho um pouco estranho um escritor sentar para ler os próprios livros. Eu, pelo menos, nunca faço isso. Antes de ser publicado, o livro é lido tantas vezes, e, depois, não dá mais para fazer qualquer alteração no texto.

Certa vez, no entanto, acabei folheando atentamente uma das minhas obras, *O mundo de Sofia*, que recebeu o subtítulo *Romance da história da filosofia*. Tinha uma coisa que eu precisava descobrir. E quando não encontrei o que estava procurando, comecei a suar frio. É verdade. Foi como se um grande espaço vazio tivesse se aberto dentro de mim, e no fim fui obrigado a aceitar que havia uma importante questão filosófica, talvez a mais importante de todas, que eu não tinha abordado de forma alguma no livro.

Será que as questões filosóficas são as mesmas em todas as épocas? Eu responderia que sim e que não. Muitas questões sobre a natureza do universo e nosso lugar na existência sobreviveram a milhares de anos de contemplação humana. O mundo em si tem algo que nos compele à reflexão filosófica. O ser humano nunca deixará de se admirar com sua própria existência.

Às vezes, porém, surgem questões completamente novas devido a transformações radicais em nosso entorno — de ordem social, científica ou tecnológica. Vejamos a inteligência artificial, por exemplo. Será que um computador, ou uma rede de computadores, um dia terá a capacidade de desenvolver uma consciência, ou autoconsciência, e assim talvez experimentar sentimentos como ansiedade, medo ou alegria? No caso, que proteção legal e que direitos esse tipo de inteligência artificial deveria ter?

Há, também, muitas questões filosóficas que em maior ou menor grau foram desfeitas pelas ciências naturais. Perguntas milenares, como de que são feitos os seres vivos, foram em grande parte respondidas pela biologia. E desde a descrição da molécula de DNA no início da década de 1950, já não é um grande mistério entender como as características dos organismos são transmitidas de uma geração para outra. Essas questões foram ponderadas pelos primeiros filósofos, como Platão e Aristóteles, e com razão.

No entanto, ainda há muito sobre que filosofar. As questões da filosofia moral pertencem a uma categoria própria: quais são os valores mais importantes na vida? O que é a justiça? Que direitos têm os seres humanos e os animais, ou também a natureza intocada? E, não menos importante: quais são os melhores sistemas de organização social?

A questão filosófica mais importante do nosso tempo, porém, tem que ser a seguinte: *como seremos capazes de preservar a civilização humana e a própria base da existência no nosso planeta?*

Essa foi a questão que eu não havia incluído em meu romance filosófico, que escrevi num ano tão recente como 1991. Quando me dei conta dessa ausência, comecei a suar frio. Como pude ignorar isso por tanto tempo?

Estou falando da questão filosófica mais importante do nosso tempo, mas por "nosso tempo" me refiro a um período que começou mais ou menos quando nasci e que durará pelo menos até o final deste século. Como mencionei logo no início: sem qualquer hesitação, diria que justamente esses 150 anos poderão figurar entre os mais decisivos na existência da raça humana e, portanto, na história do planeta.

Minha geração, e a geração de meus filhos, precisa assumir grande parte da responsabilidade pelo fato de o futuro da Terra no momento ser tão incerto. À medida que a próxima geração crescer, vocês também assumirão parte dessa mesma responsabilidade. Por outro lado, posso imaginar que no limiar do século XXII alguns dos maiores desafios enfrentados pela humanidade talvez estejam sob controle e prestes a serem resolvidos.

Afinal, já nos vimos diante de tarefas que levaram várias gerações para serem solucionadas, e esta é uma carta escrita por um avô para seus netos.

Então, como conseguiremos garantir o futuro da civilização e a base da existência no nosso planeta? Na realidade, esse não é um simples questionamento.

É, antes de tudo, uma discussão ética, pois acredito que é nosso dever como humanidade cuidar de nossos descendentes e do futuro da nossa civilização. Um pouco mais adiante nesta carta, explicarei o porquê. É também nosso dever moral proteger as condições de vida de outras espécies além da nossa. No momento, somos nós que estamos destruindo a biodiversidade deste planeta. Somos nós que estamos aqui agora.

É claro que essa questão também tem uma dimensão política, porque não basta querer algo, seja como indivíduo, sociedade ou humanidade. Nosso desafio é entender do que *realmente* precisamos, o que realmente precisa ser feito. Como podemos alcançar o que desejamos? Que mecanismos serão necessários? Que mudanças econômicas terão que ser realizadas em escala global, e como serão implementadas? Como criar a base para uma distribuição mais justa dos recursos do planeta? De que privilégios a parcela mais rica e consumista da população mundial precisará abrir mão, voluntariamente ou à força? Será que as mudanças exigidas sequer são compatíveis com a insaciável busca do capitalismo por mais lucro?

Enquanto escrevo estas linhas, vivemos uma pandemia sem paralelo nos tempos modernos — só encontramos algo similar voltando cem anos no tempo, quando a gripe espanhola assolou a humanidade. Embora estejamos passando por uma experiência inédita neste século, durante o último ano vimos como todos, desde pequenas comunidades e nações até a sociedade global — sim, de fato, toda a humanidade —, precisaram encontrar formas de cooperar para botar em prática as medidas necessárias e coordenar os esforços coletivos para enfrentar a situação. Como mencionei anteriormente, a sociedade se vê num equilíbrio tênue entre a vontade e o dever de fazer o que é necessário.

*

A ética tem como base uma "regra de ouro": o princípio da reciprocidade. Faça aos outros o que quer que façam a você. Entretanto, essa regra de ouro já não pode ter apenas uma dimensão horizontal — ou seja, um "nós" e "os outros". Começamos a nos dar conta de que o princípio da reciprocidade também tem uma dimensão vertical: faça à próxima geração o que queria que a geração anterior tivesse feito a você.

É algo elementar. Ame o seu próximo como a si mesmo. Então é claro que isso deve incluir a próxima geração e todos que viverão neste planeta depois de nós.

Os habitantes do planeta Terra não vivem todos ao mesmo tempo. A humanidade não vive toda concomitantemente. Há pessoas que viveram aqui antes de nós, algumas vivem agora, e outras viverão depois. Mas estes também são nossos semelhantes. Devemos fazer pelas pessoas do futuro o que gostaríamos que as pessoas do passado tivessem feito por nós.

É uma conclusão muito simples: não podemos deixar um mundo menos valioso do que aquele em que nos foi permitido viver. Com menos peixes no mar. Menos água potável. Menos alimentos. Menos florestas tropicais. Menos recifes de corais. Menos espécies de plantas e animais...

Menos beleza! Menos maravilhas! Menos glória e alegria!

Ao longo do século xx, ficou cada vez mais evidente que os povos do mundo dependem de certas convenções e compromissos supranacionais. Um importante avanço para alguns desses tipos de mecanismos legais supranacionais foi a Declaração Universal dos Direitos Humanos, aprovada pela ONU em 1948, e que talvez represente o maior triunfo da filosofia e da ética até agora. Os direitos humanos não nos foram concedidos por poderes superiores, tampouco surgiram do nada, sendo resultado de um processo de maturação que durou milênios.

Uma das questões mais importantes do século XXI será até quando poderemos reivindicar nossos direitos sem, ao mesmo tempo, reconhecer alguns deveres básicos. Talvez precisemos de uma nova constituição supranacional. Chegou a hora de uma declaração universal dos deveres humanos. Essa perspectiva parece vir ganhando mais espaço, como comprovam os Objetivos de Desenvolvimento Sustentável das Nações Unidas.

Já não faz sentido focar apenas em liberdades e direitos do indivíduo e não dar ênfase às responsabilidades dos Estados e dos indivíduos, sobretudo à de garantir os direitos das futuras gerações, e isso inclui cuidar do planeta em que vivemos — aquele que os astronautas da *Apollo 8* viram no céu como um "nascimento" após a nave espacial contornar o lado oculto da Lua, ou também o pontinho azul pálido que a *Voyager 1* fotografou do limite do sistema solar.

Para conseguirmos salvar a base da existência no planeta, será necessária uma guinada copernicana. Tão ingênuo quanto pensar que todos os corpos celestes orbitam a Terra é viver como se tudo girasse em torno do nosso tempo. Nosso tempo não é mais importante que todos os que virão. Para nós, o presente é absoluto, mas não podemos achar que isso vale para os que virão depois de nós.

É claro que não é nem um pouco egoísta amar sua própria época, mas devemos honrar nossa posteridade assim como honramos nosso presente. Eis a reformulação copernicana do mandamento do amor ao próximo.

Tanto nas relações entre indivíduos quanto entre nações, conseguimos sair de um "estado de natureza" caracterizado pelo direito do mais forte. No entanto, ainda nos encontramos em um estado de anarquia brutal no que diz respeito à relação entre as gerações.

Talvez a visão geocêntrica do mundo tenha sido ingênua. Mas será que é menos ingênuo viver como se tivéssemos mais planetas para explorar do que este único que somos obrigados a compartilhar?

Fica a critério de cada um ter uma vida de fé, e fica a critério de cada um esperar por uma salvação deste mundo. Não podemos, porém, presumir que um novo céu e uma nova Terra estarão à nossa espera no fim dos nossos dias. Além do mais, é duvidoso que forças divinas algum dia venham a organizar um "Dia do Juízo Final". Se houver algum julgamento, será o de nossos descendentes.

Tanto a crise climática quanto a ameaça à biodiversidade são frutos da ganância, ainda que os gananciosos não deem a mínima para as consequências de suas ações. Na história, há alguns exemplos disso, e o melhor talvez seja a ganância da minha geração. Também em outras épocas, várias formas de ostentação foram alicerçadas em um exercício de poder praticamente sem escrúpulos, como a escravização. Entretanto, a economia escravista foi em grande parte substituída por uma nova forma de escravismo: a economia petrolífera. A diferença é que os indivíduos escravizados pela economia petrolífera ainda não nasceram, isto é, aqueles que vão sofrer para pagar a conta da nossa festa. De fato, o petróleo e o carvão tiraram muitas pessoas da pobreza, mas os mesmos recursos também levaram muitas pessoas a um nível quase obsceno de desperdício e consumo desenfreado.

Um barril de petróleo, ou seja, 159 litros do combustível, equivale a cerca de 10 mil horas de trabalho manual, ou a mesma coisa que seis anos de trabalho em tempo integral. Mas essas quantidades quase inimagináveis de energia são hoje comercializadas por algumas míseras notas de cinquenta reais.

Ninguém é dono do petróleo. É só extrair! Só que logo não haverá mais reserva de onde tirar. De qualquer forma, sua extração e seu uso já deveriam ter sido interrompidos, e vamos deixar de herança aos nossos descendentes o preço de anos queimando petróleo e lançando na atmosfera tanto carbono fóssil.

Segundo o princípio da reciprocidade, deveríamos apenas utilizar recursos não renováveis se conseguíssemos garantir que as gerações futuras pudessem viver sem eles.

As questões éticas nem sempre são difíceis de responder, e muitas vezes nos falta a capacidade de arcar com as consequências dessas respostas. Mas se nos esquecermos de pensar em nossos descendentes, *eles* nunca se esquecerão de nós.

A natureza humana é caracterizada por uma visão geralmente horizontal e imediatista. Nosso olhar sempre vagueou, estando alerta a possíveis perigos e possíveis presas, resultado de nossa predisposição natural para amparar a nós mesmos e aos nossos. No entanto, não temos o mesmo instinto de proteger nossos descendentes distantes, quanto mais outras espécies.

Portanto, favorecer nossos próprios genes é algo profundamente enraizado na nossa natureza como seres vivos, embora não demonstremos a mesma propensão a proteger nossos genes daqui a quatro ou oito gerações. É algo que precisamos aprender, assim como precisamos decorar todo o repertório dos direitos humanos. Ou, em outras palavras: assim como tivemos que internalizar e abraçar essas normas de comportamento.

Desde nossas origens no continente africano, travamos uma luta ininterrupta para que nosso ramo não seja cortado da árvore genealógica da evolução. Saímos vitoriosos, pois ainda estamos aqui. Entretanto, a espécie humana tem prosperado tanto que está ameaçando a própria base de sua existência. E a de todas as espécies.

Para o ser humano lúdico, inventivo e vaidoso, pode ser fácil esquecer que afinal de contas somos natureza. Mas será que somos tão lúdicos, inventivos e vaidosos a ponto de colocarmos nossa diversão e nossa satisfação acima da responsabilidade pelo futuro do planeta?

Não podemos continuar nos relacionando apenas uns com os outros. Além disso, pertencemos à Terra que habitamos, que também é parte essencial de nossa identidade.

Foi algo assim que vivenciei na névoa matinal uma vez há muito, muito tempo, depois de ter dormido ao relento.

Se eu só fosse eu mesmo, ou seja, o corpo que está sentado aqui diante do computador digitando, seria uma criatura sem esperança. Mas tenho uma identidade mais profunda do que meu corpo e de meu breve momento na Terra.

*

Em grande medida, somos moldados por nossas condições histórico-culturais, pela civilização que nos criou. Dizemos que somos os guardiões de um patrimônio cultural. Além disso, somos moldados pela história biológica deste planeta. Também somos os guardiões de um patrimônio genético. Somos primatas. Somos vertebrados.

Foram necessários alguns bilhões de anos para nos criar. Criar um ser humano demora mesmo alguns bilhões de anos! Mas será que sobreviveremos ao terceiro milênio?

O que é o tempo? Primeiro vem o horizonte do indivíduo, depois o da família, da cultura e da cultura da escrita, mas, além disso, vem o que já chamamos de tempo geológico. Somos descendentes de uns quadrúpedes que saíram engatinhando do mar há mais de 350 milhões de anos. Em última análise, lidamos com um eixo de tempo cósmico. Vivemos em um universo que tem 13,8 bilhões de anos.

Na realidade, esses dois marcos temporais não estão tão distantes quanto pode parecer. *Temos um motivo para nos sentir em casa no Universo.* Como já foi mencionado, o globo em que vivemos tem praticamente um terço da idade do Universo, e o subfilo de animais ao qual pertencemos, o dos vertebrados, existe há um décimo do tempo de vida da Terra e deste sistema solar. Ou seja, o nosso Universo não é tão infinito assim, e nossas raízes estão profundamente arraigadas neste solo.

O ser humano talvez seja o único ser vivo de todo o universo que tem uma consciência universal, ou seja, uma percepção vertiginosa de todo esse cosmo imenso e misterioso do qual somos parte essencial. Portanto, não é apenas uma responsabilidade global preservar a base de existência neste planeta. É uma responsabilidade cósmica.

Fósseis ópticos

Não estamos sozinhos aqui. Todos os organismos deste planeta têm uma história tão longa quanto a nossa, sejam eles micro-organismos, plantas, fungos ou animais. Pode parecer incrível, mas um ser humano tem parentesco com todas as outras formas de vida na Terra. Foi algo assim que senti quando, na juventude, fugi de tudo e corri para a floresta.

Em 2019, a Plataforma Intergovernamental sobre Biodiversidade e Serviços Ecossistêmicos (em inglês, IPBES) apresentou seu primeiro relatório sobre a situação do planeta, e os dados divulgados à população mundial foram desanimadores: os ecossistemas estão sendo degradados em ritmo acelerado, e 1 milhão inteiro de espécies vegetais e animais corre risco de extinção. Para meio milhão das espécies, a situação está tão crítica que provavelmente elas não vão sobreviver a longo prazo. Seus habitats já são tão restritos que as espécies mais vulneráveis são chamadas de "mortos-vivos", com áreas pequenas demais para que possam sobreviver por muito mais tempo. Na verdade, cerca de 10% das espécies de plantas e animais do planeta já foram extintas, ainda que restem alguns poucos indivíduos a elas pertencentes.

As chamadas Listas Vermelhas de espécies da fauna e da flora ameaçadas de extinção são apresentadas em publicações cada vez mais elaboradas, com imagens coloridas de alta resolução mostrando espécies classificadas como "criticamente ameaçadas", "em perigo" ou "vulneráveis". Numa ironia do destino, ao mesmo tempo são publicados livros caros e requintados com fotografias deslumbrantes de todas as espécies *totalmente* extintas. Tais obras contêm as mesmas fotos captadas pelos mesmos fotógrafos, para as mesmas publicações, de espécies que pouco tempo antes estavam ameaçadas de extinção, isto é, que ocupavam o topo das Listas Vermelhas.

No momento, enquanto escrevo este livro, tenho diante de mim um desses belos livros, talvez um dos primeiros do gênero, e alguns de vocês já devem tê-lo folheado quando vieram nos visitar aqui na Bjørnveien.

O título dele é *A Gap in Nature* [Uma lacuna na natureza], com o subtítulo *Discovering the World's Extinct Animals* [Descobrindo os animais extintos do mundo], e foi escrito pelo paleontólogo e naturalista australiano Tim Flannery. Na capa, o destaque é um dodô das Ilhas Maurício, avistado pela última vez em 1681, e na primeira entrada há um desenho da última espécie de moa, uma ave que foi extinta pelos maoris na Nova Zelândia por volta do ano de 1600.

Tudo bem, não foi só o homem branco que contribuiu para a degradação da biodiversidade deste planeta. A novidade é que a velocidade de extinção aumentou vertiginosamente, chegando a um nível nunca antes visto, e, ignorando esse cenário preocupante, a humanidade manteve sua mentalidade utilitária e imediatista.

Tomara que nunca chegue o dia em que folheemos esse tipo de livro decorativo com fotos magníficas de predadores extintos, como leões, leopardos e tigres. Acho que não vai acontecer, e não é por isso que escrevo estas linhas. Estou tentando ser irônico, ou melhor, "contrafactual", e dessa forma chamar a atenção para algo que não podemos permitir que aconteça.

Agora, não é totalmente impossível imaginar uma obra gigantesca com belas fotografias de espécies de plantas e animais extintos, por exemplo, numa ordem taxonômica rigorosamente estruturada.

O primeiro capítulo seria intitulado *Plantas e fungos extintos* e traria imagens nostálgicas de delicadas flores alpinas que desapareceram devido às mudanças climáticas, ou de orquídeas orientais, que não existem mais porque os habitats tropicais foram destruídos para dar lugar a alguma monocultura.

Segundo capítulo: *Animais invertebrados*. Os cientistas também catalogaram essas criaturas mais singelas — antes de elas desaparecerem — e obtiveram imagens ricas em detalhes, incluindo muitos dos insetos polinizadores dos quais a subsistência da humanidade tanto dependia antes de sermos forçados a recorrer à polinização artificial em larga escala, um modelo de agricultura totalmente novo. No entanto, muitas espécies — por exemplo, nas florestas tropicais — escaparam das nossas mãos antes de termos tempo de descrevê-las.

Terceiro capítulo: *Peixes*. Numerosas espécies estão ameaçadas, e aos poucos podem desaparecer por completo. Os recifes de corais estão definhando, sobretudo devido à acidificação fatal dos oceanos, uma calamidade provocada pelo acúmulo de CO_2 no mar e na atmosfera. Com essas "selvas oceânicas", desaparece também uma miríade psicodélica de espécies de peixes. No entanto, temos acesso às *fotografias* desses peixes de cores tão vibrantes, imagens encontradas especialmente em antigas revistas de viagem que só nos resta mostrar aos nossos descendentes. Na peça *O pato selvagem*, de Henrik Ibsen, um homem se esquece de levar algo gostoso de um grande banquete para a filha, Hedvig. Mas ele dá a ela o *cardápio* — assim a garota ao menos fica sabendo o que perdeu — e ainda se oferece para descrever o sabor de cada um dos pratos. (Não é uma ironia do destino que a arte fotográfica — e o armazenamento digital de dados — tenha começado a se difundir com mais intensidade justamente quando começamos a dar fim à biodiversidade da Terra?)

Quarto capítulo: *Anfíbios*. Já estamos acostumados a ver fotografias em cores vivas de rãs e salamandras bizarras. De acordo com o relatório da IPBES, 40% de todos os anfíbios do mundo estão ameaçados, e muitos ocupam um lugar de destaque nas Listas Vermelhas de espécies ameaçadas de extinção da União Internacional para a Conservação da Natureza. Agora já fazem parte da seção in memoriam da literatura faunística. Escrevi "literatura faunística"? Bem, um dia talvez haja limites tênues entre a literatura faunística e a literatura fantástica: "É verdade? Esses animais curiosos realmente viveram aqui na Terra, no nosso planeta?".

Quinto capítulo: *Répteis*. Minha previsão é que este capítulo também venha a ser um grande sucesso. Estou imaginando algumas belas ilustrações daquilo que já classificamos como tartarugas, cobras e lagartos raros, alguns deles dando a impressão de serem muito antigos, e muitos de fato pertencem à categoria de criaturas arcaicas, ou o que chamaríamos de "fósseis vivos". São o que uma vez no futuro talvez venhamos a designar como "fósseis fotográficos" ou "fósseis ópticos", isto é, espécies que por um triz conseguiram ser preservadas opticamente antes de serem extintas. (Entre parênteses, me deixem observar que, de acordo com as tradições muçulmanas, quem fizer uma imagem de animais vivos será castigado por Deus até o pecador trazer a imagem à vida. Um dia, a humanidade talvez seja condenada a um castigo semelhante. Ou, para citar o poeta

Henrik Wergeland, em tradução livre: "A borboleta ricamente vestida/ voou das mãos divinas./ Ele deu à criatura asas douradas/ com listras vermelhas e roxas adornadas [...] E no mundo não há ninguém/ nem há decreto real/ que uma borboleta pode conceber./ Somente Deus tem esse poder.")

Chegamos ao sexto capítulo: *Aves*. Este tem tudo para ser muito colorido, e numerosos espécimes lindos já adornam o livro que está à minha frente, *Discovering the World's Extinct Animals*. Alguns anos atrás, talvez cem anos antes de nossa imaginada obra suntuosa (na pior das hipóteses!) chegar às livrarias, um artigo bem documentado saiu no relatório anual do Worldwatch Institute sob o título: "E os pássaros estão simplesmente desaparecendo". A manchete se aplica também à situação na Noruega, sobretudo na costa. De acordo com a Lista Vermelha norueguesa, várias espécies de aves estão "criticamente ameaçadas", muitas outras estão "em perigo" e ainda outras estão "vulneráveis" ou "quase ameaçadas".

Só falta um capítulo em nossa obra-prima, e para muitos será o ponto alto: *Mamíferos*. Aqui há muitas coisas belas a mostrar, e acho que devemos nos presentear com algumas páginas duplas gigantes. Imagino, por exemplo, algumas das fotografias mais espetaculares da *National Geographic* de macacos antropoides tristonhos — por sinal, não é de estranhar que estejam tristonhos — como chimpanzés, gorilas e orangotangos. Já vejo a empolgação infantil com que os mais novinhos de nossos descendentes se lançarão sobre essas obras de arte, um baú do tesouro óptico, pois graças à fotografia digital, os detalhes das imagens estarão tão nítidos que os jovens humanos se sentirão vivendo no tempo dos bisavós, vendo aquelas criaturas ao vivo e em cores. Delas só restarão mesmo os registros fotográficos, porque os animais em si já terão sido removidos da natureza, algo que aconteceu poucas décadas após a captura daquelas fotografias caprichadas. *Removidos*. Fim da história! (Isso mesmo! Era uma vez... a biodiversidade deste planeta. Ela foi algo digno de um conto de fadas, com sua beleza quase devastadora.) A diferença entre as lembranças dos grandes dinossauros e as dos grandes mamíferos extintos pela mão humana é que possuímos tantas fotografias impressionantes dos mamíferos. (Deu tempo!) Os livros sobre dinossauros, lagartos voadores e afins podem ser interessantes até certo ponto, mas muitas vezes pecam pelas ilustrações especulativas ou rascunhos mal-acabados, ou seja, tentativas bem-intencionadas de criar uma ilusão de algo que já existiu na natureza. Um dia, o interesse das crianças por dinossauros será substituído por um interesse pueril pelos mamíferos extintos, e o jogo da memória que elas jogarão será totalmente diferente.

A intenção do caleidoscópio macabro que montei aqui não é apresentar uma visão pessimista sobre o planeta ou a biodiversidade. Não podemos nos dar a esse tipo de luxo — o pessimismo —, precisamos adotar uma postura combativa. Pessimismo é apenas outra palavra para preguiça ou fuga da responsabilidade. A luta não acabou, ainda não está perdida. A humanidade continua infligindo grandes danos aos ecossistemas. Somos nós que estamos fazendo isso, e estamos fazendo isso agora.

No entanto, meus queridos Leo, Aurora, Noah, Alba, Julia e Máni, pensem que lindo seria: no final do século XXI, um de vocês talvez releia estas linhas, e tomara que esse alguém possa abrir os braços e exclamar: Opa! O mundo não piorou tanto quanto nosso vô imaginou. A natureza deste planeta continua basicamente tão intacta como antes. Os elefantes ainda migram em grandes manadas sobre a savana africana, e não perdemos nenhum dos grandes predadores... (Nosso avô era *realmente* um pessimista inveterado!)

É um lindo pensamento, sim. Mas não se tornará realidade por si só.

Ratatoskr

Se a vida na Terra está sob ameaça, isso não representa algo completamente novo na história da humanidade. Em muitas religiões antigas, a ordem cósmica foi considerada frágil e temporária. Primeiro havia o caos, e do caos surgiu o mundo organizado, ou o cosmo. Mas a qualquer momento o mundo pode voltar a mergulhar no caos.

Na Era Viking, reinava um precário equilíbrio de poder entre, de um lado, as forças boas geradoras de vida e, de outro, as forças maléficas e destrutivas. Do lado da vida e da fertilidade, estavam os deuses do bem, os *aesir* e *vanir*, e as forças do caos e do mal eram representadas pelos medonhos gigantes chamados *jotnar*.

Segundo o antigo imaginário nórdico, era, portanto, necessário manter uma guarda constante contra os *jotnar*, esses trolls ou monstros ancestrais que sempre tentavam impelir a existência de volta ao caos. Contê-los era o dever dos humanos e dos deuses do bem.

Na antiga região nórdica, nem a primavera nem o outono chegavam assim espontaneamente. As forças geradoras de vida dependiam da ajuda dos seres humanos, e cabia aos humanos dar impulso e vigor aos deuses bons, oferecendo a eles festas sacrificiais, ou *blót*, práticas de culto que transferiam poder aos deuses.

O *blót* ajudava sobretudo a reforçar a fertilidade, cujo domínio era dos *vanir*, entre os quais Frey e Freya eram as figuras mais proeminentes. Também era igualmente importante consolidar o poder dos *aesir*, como Thor e Odin, garantindo que tivessem meios de resistir às ameaças astuciosas de todos os poderes do mal, dos destruidores, e em especial dos numerosos gigantes que queriam acabar com a paz e a ordem mundial. Entre os piores e mais sagazes desses monstros do caos estava Thrym.

O poema do Edda "Thrymskvida" conta como Thrym roubou Mjölnir, o martelo de Thor. Era uma espécie de mau agouro, pois quem controlava o martelo de Thor tinha o destino do mundo nas mãos. Thrym se aproveita disso, exigindo a deusa da fertilidade, Freya, como sua noiva em troca do martelo. Freya fica tão furiosa com a proposta infame que todo o Asgard treme, e o mundo dos deuses e o mundo dos humanos (Asgard e Midgard, respectivamente) estariam em sério risco se o próprio fundamento da vida ficasse à mercê das forças maléficas do caos. Na pior das hipóteses, poderia provocar o fim do mundo ou *Ragnarök*. (Mas logo Loki, o James Bond do mundo dos deuses, entra em cena, e o drama tem um final feliz.)

O que temos aqui não é só um exemplo arquetípico de terrorismo e extorsão, mas também de um tipo de bufonaria ou comportamento desordeiro que infelizmente não caíram em desuso. Não é muito difícil apontar para um ou outro bufão do nosso tempo que nos faça lembrar um pouco o gigante Thrym.

Na época dos vikings, uma imagem da instável ordem mundial era o freixo Yggdrasil, a árvore que sustentava o mundo. A saúde e a força da existência estavam indissoluvelmente ligadas a essa árvore. Se ela tombasse, o mundo inteiro viria abaixo.

Yggdrasil também era ameaçada pelas forças do caos. Na sua raiz, estava o temível dragão Nidhogg, que constantemente roía a árvore, ameaçando derrubá-la. No topo da árvore havia uma águia, e entre os dois corria o irritadiço esquilo Ratatoskr. Sem parar, Ratatoskr subia e descia o tronco da árvore da vida, transmitindo mensagens de hostilidade entre a águia e Nidhogg.

O esquilo é a personificação da precária ordem mundial. Quando chegará o dia em que Ratatoskr instigará o dragão e a águia a se engalfinharem? Quando os dois transformarão a árvore do mundo em um campo de batalha?

No nosso tempo, não é difícil imaginar esse esquilo travesso correndo num vaivém entre o Kremlin e a Casa Branca, ou apenas atravessando a curta distância entre a Casa Branca e o Capitólio.

Na ausência de bons deuses nos quais depositar nossa confiança, hoje temos que dar força uns aos outros para conseguir neutralizar os "ratatoskr" do nosso tempo, ou seja, nossos rufiões e bufões no cenário internacional. Pois as ameaças à vida na Terra não têm mais a ver com a mitologia. Os bons deuses e os trolls somos nós.

Já mencionei a pandemia que nos aflige há mais de um ano. Às vezes é impressionante notar como aqueles que não "acreditam" nos perigos da pandemia (ou na utilidade da proteção contra infecções) geralmente são os mesmos que não "acreditam" nas mudanças climáticas criadas pelo ser humano, que não "acreditam" no evolucionismo, que não "acreditam" no valor insubstituível das florestas tropicais e que ainda por cima não "acreditam" nos resultados de eleições democráticas se estas não forem a seu favor.

Tais pessoas são facilmente reconhecíveis como os trolls ou as forças do caos da atualidade.

Os trolls marcam sua presença principalmente na internet, trabalhando dia e noite para criar tensão e discórdia entre as pessoas e no seio da sociedade global. Lembrando o ardiloso Ratatoskr, esse conglomerado de trollzinhos frustrados e esquentados tenta criar confusão e espalhar a desinformação. Os trolls costumam agir de forma anônima e isolada, mas também se organizam em "fábricas de trolls" especializadas.

Quando era criança, eu acreditava que todas as pessoas eram igualmente bondosas. Não penso mais assim. Para mim, a distinção feita pelos mitos entre as forças do bem e do mal também se aplica aos seres humanos. De onde mais os mitos teriam tirado essa dicotomia?

Algumas pessoas querem contribuir para edificar o mundo e seus semelhantes em quase tudo que fazem. Tive o prazer de conhecer várias assim. Da mesma forma, alguns querem contribuir para a destruição do mundo, especialmente se puderem fazê-lo de forma anônima ou às escondidas. Também conheci alguns desses indivíduos. Em certas ocasiões, fui inclusive prejudicado por eles.

Então, quem sabe a maioria de nós se encontre em algum ponto entre esses dois extremos? Penso que a vida me ensinou que qualquer um de nós pode ter um pequeno troll interior.

Talvez a coisa mais importante que os pais podem fazer por seus filhos seja tratá-los com gentileza e amor. A segunda coisa mais importante é educá-los para que sejam gentis e amorosos com os outros, com os fracos, com os animais, com a natureza e com as gerações futuras. Pode parecer banal, e é mesmo, mas as coisas mais importantes na vida muitas vezes não são tão difíceis de verbalizar.

Aprendemos a ler e a escrever. E quiçá aprendemos a

"praticar a bondade", ou o altruísmo, para usar uma palavra um pouco mais chique. Praticar a bondade não é algo espontâneo.

O que vocês que são jovens pensam sobre isso?

Uma vez por semana, talvez, todos nós deveríamos parar em frente ao espelho e perguntar ao nosso reflexo: será que sou uma pessoa bondosa? Desejo o melhor para meus semelhantes? Ou para as gerações futuras? Contribuo para proteger a diversidade de vida no planeta?

E o espelho então responde. E, se deixarmos, o olhar do outro lado vai nos encarar e dizer.

Acho que nem todas as pessoas têm coragem de se submeter a esse tipo de avaliação, e eu mesmo nem sempre tive. Algumas pessoas acharão a proposta infantil e vão se recusar a testá-la, o que considero um gesto de covardia.

Penso que a própria origem de alguns dos termos que usei da mitologia nórdica falam um pouco sobre a luta entre o bem e o mal.

Primeiro, gostaria de mencionar o termo *jotnar*, no singular, *jotunn*. Na verdade, *jotunn* significa comilão, ou glutão, e também está etimologicamente ligada a "empanturrar-se", "carcaça" e "obeso". Talvez os monstros do caos do nosso tempo sejam precisamente uns comilões que não cansam de se empanturrar, entre os quais me incluo. Uma evidência significativa do grande desequilíbrio que prevalece hoje é a disparidade entre os mais pobres e os mais ricos, entre os famintos e os fartos.

O termo *vanir* para designar os deuses que protegem a fertilidade da natureza e dos humanos está etimologicamente ligado a palavras norrenas como *ven*, que significa "belo", *venn*, que significa "amigo", e *von*, que significa "esperança", além do nome da deusa do amor romana, Vênus. Dito de forma um pouco diferente, os *vanir* representam "fé, esperança e amor". Para termos êxito em preservar os ecossistemas e a biodiversidade do planeta, precisaremos de todas as virtudes desse trevo de três folhas.

No entanto, há vozes e tomadores de decisão nas arenas do mundo de hoje que não estão nem perto de contribuir para a fé, a esperança e o amor.

Já que estamos em território mítico, convém mencionar aqui algo que considero muito importante.

De tempos em tempos, encontro pessoas que têm plena consciência de que a humanidade representa uma ameaça aos habitats da Terra, mas que chegam à conclusão de que o melhor para o planeta, portanto, será a extinção da humanidade.

A ideia é que a Mãe Terra — ou Gaia — é um organismo vivo capaz de regular sua atmosfera e, consequentemente, sua "temperatura corporal". Atualmente, Gaia está com febre, e os micróbios que a deixam doente somos nós humanos. Mas logo Gaia se livrará de nós, e a crise climática pode se encaixar nesse contexto.

Pandemias como aids, ebola ou covid-19 também podem ser vistas sob essa ótica. Os seres humanos invadiram os ecossistemas, desalojando animais selvagens, como os morcegos, para espaços cada vez mais apertados, algo que está provocando epidemias de vírus que saltam de uma espécie animal para outra. Os surtos dessas epidemias são a autodefesa da deusa da Terra — ou a vingança de Gaia.

Já conheci pessoas que manifestaram grande entusiasmo com a ideia de que a humanidade logo será extinta, para o bem de Gaia. Após nossa partida, a natureza rapidamente se recuperará.

Provavelmente isso é verdade. Nós vamos embora, mas a natureza retornará. Ainda assim, sou um humanista muito ferrenho para aceitar esse tipo de raciocínio e quase me sinto tentado a considerá-lo uma espécie de "ecofascismo".

O ser humano não é só uma praga. Sob uma perspectiva global, e talvez também em uma escala cósmica, somos criaturas totalmente únicas. Este planeta não é o mesmo sem nós, sem nossa presença, nossa consciência e nossa memória planetária e cósmica. Mesmo que nossa ausência leve à cura dos oceanos e das florestas.

Precisamos conseguir as duas coisas, salvar os oceanos e as florestas, e fazer parte da jornada rumo ao futuro.

O ortopedista e o astronauta

Certa vez, há muitos anos, conheci, no espaço de um só mês, um ortopedista cético e um astronauta crédulo.

O ortopedista veio primeiro. Eu estava com alguns problemas no joelho e fui fazer uma radiografia. Tão logo o ortopedista deu uma passada de olhos na imagem, e antes de comentar o resultado, ele se virou para mim e perguntou o que eu achava da *Apollo*.

Da *Apollo*? Eu não fazia ideia do que ele estava falando. Havia uma agência de viagens chamada Apollo, e pensei no deus grego, claro. Passados alguns segundos, me dei conta do que provavelmente o ortopedista quis dizer.

Será que estava se referindo ao programa espacial, ou seja, às missões lunares da Nasa?

O ortopedista fez que sim, e logo entramos em um longo debate, não sobre meu joelho, mas sobre nossa suposta ida à Lua. Com "nossa", ele quis dizer os seres humanos.

Tentei explicar por que eu estava completamente convencido de que sim, tínhamos chegado à Lua, mas era minha palavra contra a dele, pois ele tinha a mesma certeza do contrário. Um dos argumentos que usei foi que a agência espacial russa dificilmente teria perdido a chance de contestar a história se realmente não "acreditasse" que os Estados Unidos de fato haviam vencido a corrida até a Lua.

No entanto, eu queria falar sobre a dor no joelho...

Eu pensava que médicos tinham uma formação científica. Além do mais, haviam usado uma tecnologia moderna para me examinar. A formação desse homem não o impediria de se entregar a teorias de conspiração baratas, como a de que a histórica "alunissagem" em julho de 1969 na verdade ocorreu numa base militar secreta em Nevada? Pelo visto, não.

Apenas poucas semanas depois, conheci um homem que de fato tinha ido à Lua, mais precisamente no módulo de alunissagem da *Apollo 14*. Era o astronauta Edgar Mitchell, que, em 5 de fevereiro de 1971, pousou na Lua, se tornando o sexto na sequência de seres humanos a pisar lá.

Ouvi uma palestra excelente que ele deu em um grande auditório na Universidade de Oslo. Mais tarde, naquela noite, também tive a sorte de conversar com o astronauta pessoalmente.

Mitchell me mostrou imagens de suas caminhadas lunares, e me ocorreu que o ortopedista tinha que estar ali.

Após a palestra, a plateia pôde fazer perguntas, e fiquei um pouco desconcertado quando as primeiras foram se o astronauta acreditava que a Terra recebia visitas de alienígenas de outros sistemas solares. Mais uma vez a palavra "acreditar". Achei constrangedor presenciar aquilo, vergonhoso. Pela primeira vez, um astronauta americano vem a Oslo e mostra suas fotografias da Lua, e aí é obrigado a lidar com perguntas confusas sobre óvnis e visitas de "extraterrestres". Por acaso eu estava sentado perto de Erik Tandberg, o lendário especialista espacial do país, sobretudo em matéria de missões lunares, e percebi que ele também estava visivelmente incomodado.

No entanto, o astronauta respondeu que sim, sem rodeios. Mitchell estava convencido de que a humanidade recebia visitas de alienígenas o tempo todo e que havia provas incontestáveis disso, mas as autoridades em todo o mundo sempre fizeram o possível para encobrir a verdade (algo que a Nasa negou veementemente). Então me dei conta de que o astronauta ocultista tinha uma pequena congregação de entusiastas de óvnis na Noruega e que foi por isso que tais perguntas foram levantadas.

No final de sua vida, Mitchell abrandaria o discurso, e, numa entrevista feita em 2014, declarou que suas afirmações sobre a tentativa dos governos de esconder que éramos visitados por óvnis não passavam de especulação da sua parte. Ainda em 2015, em outra entrevista, ele alegou que seres extraterrestres tinham feito esforços para nos impedir de travar guerras, contribuindo para preservar a paz na Terra.

Edgar Mitchell faleceu em fevereiro de 2016.

Ainda estou convencido de que o simpático astronauta foi ingênuo e leviano ao falar sobre óvnis e visitas de alienígenas. Ele era um profissional respeitado, mas nesse ponto acho que errou.

As distâncias entre planetas habitáveis são enormes. Até a velocidade da luz parece uma carroça indo de um destino cósmico a outro.

Entretanto, desconfio que as ideias de Mitchell sobre certo movimento no espaço possam ter se originado da experiência que ele teve no caminho de volta da Lua — afinal, ele mesmo estava em movimento! — e que descreveu ao final de sua palestra em Oslo.

No caminho para casa, Mitchell pôde parar e descansar. Tinha completado seu trabalho na superfície lunar e poderia ficar à vontade apreciando a vista grandiosa.

Quando andou na Lua e olhou para a Terra lá em cima, ele ficou impressionado com o chamado "efeito da visão geral", que tantos astronautas relataram:

"Você desenvolve uma consciência global instantânea, um foco em ajudar as pessoas, uma intensa insatisfação com o estado do mundo e uma ânsia de fazer algo para mudar isso. Vista lá de fora, da Lua, a política internacional parece tão mesquinha. Você quer agarrar um político pelo colarinho e arrastá-lo a uns 400 mil quilômetros de distância para dizer: 'Olhe para isso, seu imbecil'."

E então, na viagem de volta à Terra, Mitchell foi tomado por uma alegria intensa, um sentimento de não estar sozinho no Universo. O astronauta usou palavras como "eureca", "epifania" e "êxtase". Ele sentiu uma união com tudo, tomado pela certeza de que o Universo estava repleto de existência e consciência.

De acordo com Mitchell, havia algo no pensamento humano que descarrilou há cerca de quatrocentos anos. A ciência materialista da nossa época ofuscara durante muito tempo o aspecto espiritual da nossa existência. Somos feitos de substância, sim, de matéria, pois tudo é poeira estelar. Mas também somos consciência, e em um plano mais profundo estamos mais intimamente ligados do que pensávamos. Estamos separados um do outro e ao mesmo tempo unidos.

Enquanto o astronauta falava, minha mente vagueou de volta para aquele arvoredo onde passei a noite quando tinha mais ou menos a idade que Leo tem no momento em que escrevo este livro. Foi a única vez na vida que, por um breve momento, me afastei do mundo e preferi não ter mais nada a ver com ele. Justamente naquela hora, porém, fui invadido por algo parecido com o que o astronauta americano descrevera ali no palco do grande auditório.

Naquele momento tão significativo, eu tive a sensação de estar em união com tudo. Não estava apenas de visita no mundo. Eu era o mundo. E isso continuaria também após a partida do meu pequeno "eu".

Nove cérebros

Desde pequeno, fui muito mal-acostumado pelos cintilantes céus estrelados no nosso chalé de Hengsen. Escrevo "mal-acostumado" porque hoje em dia céus noturnos limpos se tornaram luxo, mas antes eram o normal.

Depois de apagarmos as velas e as lamparinas de querosene, não éramos perturbados por nenhum tipo de poluição luminosa. A única coisa que em noites sem nuvens poderia ofuscar a vista do Universo era o luar e, raras vezes, também a dança da aurora boreal.

Hoje, as condições já não são tão favoráveis. O reflexo da luz de pistas distantes de esqui pode anuviar parte da vista, e a iluminação elétrica já começou a subir a montanha também.

Mas ainda enxergamos as estrelas.

Algo nessa perspectiva noturna sempre me fascinou, muito antes de eu ter qualquer conhecimento de astronomia. Desde pequeno eu me perguntava: será que, lá longe na noite estrelada, há seres vivos vasculhando o Universo assim como eu? Para eles, nosso Sol também é apenas uma entre muitos milhares de outras estrelas?

Quando criança, eu pensava: será que tem uma menina ou um menino lá fora no espaço olhando para mim agora?

Isso foi antes de eu entender que não existe nenhum "agora" no espaço. E antes de eu me dar conta de que provavelmente não há "meninas" ou "meninos" lá também.

Agora, adulto, me expresso um pouco diferente. Pergunto:

A consciência é um acaso cósmico?

Já nos perguntamos se a vida no nosso planeta é algo único, sem qualquer paralelo cósmico, ou se pode representar um fenômeno cósmico mais corriqueiro, isto é, dentro do que seria "normal" e, portanto, característico da natureza deste universo, algo comparável às *condições* necessárias para a vida — como átomos, estrelas e planetas.

Mas e a consciência? Será possível que a consciência tenha uma disseminação universal? No caso, esse fenômeno também teria que ser incluído na lista de propriedades essenciais do Universo, assim como o astronauta americano tão claramente acreditava.

Ou será que a biosfera do nosso planeta foi a única que deu vida a seres conscientes como nós?

A resposta mais simples é que não sabemos, mas é uma boa pergunta, pois ou a consciência irrompeu repetidas vezes no espaço-tempo do Universo, ou não. Escrevo "irromper" porque a história evolutiva de alguns poucos milhões de anos ainda é uma janela muito modesta na escala cósmica. Faz apenas 6 milhões de anos que a raça humana se separou da linha evolutiva dos chimpanzés.

Aliás, o que queremos dizer com consciência?

Um inseto ou um crustáceo pode ter um aparelho sensorial eficaz, mas eu não chamaria de "consciência". Realmente acredito que uma abelha ou uma lagosta seja capaz de sentir o corpo voar e zumbir de flor em flor, ou rastejar pelo fundo rochoso do mar — ou seja, sentir que estão vivos —, mas eles dificilmente têm "consciência" dessas sensações físicas. Ainda assim é curioso imaginar que a natureza — a grama, as árvores, o fundo do mar — pode ficar agitada ou sensível, por mais "inconsciente" que seja.

Sem dúvida um cão tem consciência, um cavalo também, e eu diria o mesmo de um pássaro e de um esquilo, mas acho um pouco mais improvável que rãs ou peixes tenham uma vida interior digna de nota. (Embora sejam dotados de um sistema nervoso, que os torna capazes de sentir dor e provavelmente de sofrer.)

Além do mais, o cão e o cavalo têm pensamentos e ideias conscientes — mesmo que espontâneos —, e chegamos a nos perguntar como seria estar dentro da cabeça de um animal. Tanto cães quanto cavalos podem sentir medo ou alegria, e talvez tristeza e saudades. Mas será que "pensamentos caninos" são muito diferentes de "pensamentos equinos"? Ou as diferenças individuais — por exemplo, entre os cachorros — são até maiores que as diferenças mais estruturais entre diferentes espécies de mamíferos superiores? Não sei. É certo que o olfato do cão é muitíssimo mais apurado que o do cavalo, dando a seus portadores um senso de orientação muito maior, habilidade que se combina com sua inteligência natural.

Ainda podemos discutir — e estudar! — até que ponto os diversos animais têm "consciência de si mesmos". Além de nós, humanos, há apenas algumas poucas espécies que dão claros sinais de ter essa percepção de si, por exemplo, ao verem a própria imagem no espelho. Aliás, alguns macacos, golfinhos, elefantes e corvídeos já passaram nesses testes do espelho, confirmando que possuem autoconsciência.

Se a gralha descobre uma mancha colorida no pássaro do espelho, ela entende que é ela mesma que está com a mancha e tenta se mexer ou esfregar para removê-la. Outros pássaros ou animais querem apenas atacar, ou tentam provocar, seu próprio reflexo. Não percebem que estão se vendo no espelho.

Ainda assim, há um salto enorme entre a consciência animal e a humana. Um ser humano não se limita a levar em conta a si mesmo, sua família imediata e seu habitat. Temos um órgão de consciência muito mais potente, que nos permite reconhecer todo o Universo em que vivemos. Nisso, somos únicos, pelo menos por essas bandas.

Desde que me entendo por gente me admiro com o fato de o ser humano ter uma consciência que, de certa forma, pode ser chamada de "completa". Estamos completamente presentes.

Temos uma capacidade única de nos colocarmos à parte do resto da natureza. Não estamos presos dentro de um cérebro canino. E não vagueamos desnorteados por aí, como às vezes acontece quando estamos dormindo (seja em experiências sonâmbulas, seja com a cabeça encostada no travesseiro).

Por isso sinto vergonha só de pensar em como caí feito um pato no sonho com o "telepata". Eu deveria ter sido mais atento, um tantinho mais cético e assim percebido que o encontro com o homem gigante não passava de um sonho. No entanto, a lembrança do que aconteceu teria me causado vergonha ainda maior se eu tivesse me deixado enganar quando estivesse acordado, mostrando que talvez eu não regulasse bem da cabeça.

Talvez eu seja ingênuo, mas acredito que o mundo é tal como o vivenciamos. Não andamos por aí sem rumo. Temos um aparelho sensorial e uma consciência que cruzaram a linha de chegada, mas por pouco, ou será que eu deveria dizer que rompemos "a linha da água"? O que quero dizer é que alcançamos uma visão geral adequada do mundo em que vivemos. Fomos dotados de uma mente que pode parecer cuidadosamente ajustada para tomar conhecimento de todo o Universo, mas não a ponto de não nos intimidarmos com seus segredos.

Ainda há muito que não entendemos, e mesmo que vocês, para quem escrevo agora, um dia venham a saber muito mais sobre o mundo do que sabemos hoje, o próprio "enigma do Universo" provavelmente permanecerá sem solução.

No entanto, não acredito que estamos sendo enganados por nossos sentidos, nem pelo que possuímos de inteligência, de tradição científica ou de recursos intelectuais em comum. Acredito que nossa cabeça está com os parafusos no lugar.

Já não nos deixamos iludir quando o sol nasce no leste do planeta. Somos capazes de pensar em duas coisas ao mesmo tempo, apreciando o nascer do sol pelo que é — ou seja, um nascer do sol — e ao mesmo tempo tendo plena consciência de que a Terra orbita o Sol, e não o contrário.

Acho espantoso pensar que temos uma consciência que engloba todo o Universo e ainda é capaz de traçar a evolução do Universo quase até o Big Bang, há 13,8 bilhões de anos. Somente na fração de segundo após a explosão, há um limite intransponível para nossa cognição.

Portanto, não podemos perguntar o que havia "antes" do Big Bang. Pelo menos, não podemos esperar qualquer resposta. Foi quando surgiram o tempo e o espaço. Mas, por outro lado, tampouco podemos constatar que o Big Bang tenha sido o início de todas as coisas, embora algumas pessoas pensem nele como "o momento da criação". O Big Bang pode muito bem ter sido uma continuação precisa de algo que já existia.

Mas agora chega dessas questões mais fundamentais da existência.

Quando faço minhas longas caminhadas para pensar, às vezes me pego matutando sobre questões colossais assim. Penso sobre o Universo tomando consciência de si mesmo.

Ou seja, dos seres humanos. Mas talvez ele também tenha consciência de outros seres, em corpos celestes totalmente diferentes.

Quero me estender um pouco mais sobre esse assunto porque já conheci cientistas que torceram o nariz ao ouvir frases como "o Universo tomou consciência de si mesmo". Na interpretação preconceituosa deles, essas palavras devem dizer algo completamente diferente, por exemplo, que seria a "intenção" ou o "objetivo" do Universo, a seu tempo, acordar de uma espécie de hibernação cósmica e finalmente se tornar consciente de si mesmo. Mas não é isso que quero dizer.

O Universo *já* chegou a uma consciência de si mesmo. Pelo menos aqui, ou seja, dentro de nós. É um fato. E é brilhante, penso eu, fantástico. Acho até que deveríamos estourar um champanhe para brindar.

Ou, como escrevi certa vez: "O olho que contempla o Universo é o olho do próprio Universo". Ou, como também escrevi: "O aplauso ao Big Bang só foi ouvido 15 bilhões de anos depois da explosão".

Sim, eu não acredito que o Universo tenha desenvolvido qualquer "energia espiritual" inerente antes de haver aqui seres vivos. Tampouco sei dizer com certeza se foi um processo necessário ou inevitável, ou se, pelo contrário, aconteceu a despeito de todas as probabilidades.

A questão é se uma "consciência cósmica" semelhante se desenvolveu em paralelo em outras partes do Universo. Não me parece uma hipótese absurda. Já sabemos que não há qualquer "superfície do presente" universal, mas talvez haja uma "superfície de cognição" universal. Com isso, quero dizer que outras visões científicas do mundo semelhantes às construídas pela nossa civilização podem ter se desenvolvido várias vezes no tempo-espaço do Universo. É uma questão em aberto, para a qual não tenho resposta. Considerando seu significado cósmico, porém, seria estranho se a teoria do Big Bang fosse uma exclusividade humana

— caso a teoria seja comprovada e suas conclusões estiverem corretas, claro. A mesma possibilidade deve se aplicar à tabela periódica dos elementos químicos, porque os átomos e as partículas elementares também são fenômenos universais.

Nós, seres humanos, podemos não ser tão únicos como gostaríamos de pensar. Não faz muito tempo, dávamos como certo que a Terra — e nós mesmos — era o centro do Universo.

Já toquei nesse assunto antes, meus queridos, mas não custa repeti-lo: não é impossível e talvez nem sequer improvável que, em algum momento na vida de vocês, a humanidade venha a receber uma confirmação da existência de vida inteligente em outras partes do Universo. Porque a radioastronomia está avançando, e a procura por inteligência extraterrestre continua. Seu avô fica animado só de pensar.

Aqui vale observar que a ideia de uma inteligência extraterrestre não precisa necessariamente ser motivo de pura comemoração. Já foram feitos filmes que nos alertam sobre isso. Ou, como disse certa vez Stephen Hawking: "Basta apenas olharmos para nós mesmos para ver como a vida inteligente pode se desenvolver e se tornar algo que não gostaríamos de conhecer".

Ainda assim, acho que seria muito deprimente se, no final das contas, tivéssemos que nos conformar com a ideia de que talvez sejamos apenas nós — filhos e filhas de *Homo sapiens* — que compartilhamos algo tão grandioso como a cognição cósmica. E se assim for — se nossa cognição universal fosse uma qualidade endêmica, restrita a nosso cantinho aleatório do cosmo —, penso que isso nos deixaria vulneráveis, nos despiria. Seria simplesmente uma responsabilidade muito grande para carregarmos sozinhos. Não podemos ser os únicos responsáveis por algo tão vasto e magnífico como a consciência de si mesmo deste imenso universo. Não consigo apreciar o fato de que talvez tenhamos todos os ovos universais de ouro em nossa cestinha.

De qualquer forma, o tempo aqui é limitado, antes de o Sol se transformar em um gigante vermelho pronto para devorar planetas de climas mais amenos.

Em uma escala cósmica, a vida deve ser muito mais difundida que a consciência. A vida é uma condição necessária para a consciência, mas está longe de ser uma garantia dela. Aliás, demorou bastante para haver outra vida neste planeta além de simples organismos unicelulares.

No entanto, há meio bilhão de anos, a evolução de organismos com um sofisticado aparelho sensorial e um sistema nervoso altamente desenvolvido (e, aos poucos, uma forma de consciência) estava em pleno andamento. Foi muito rápido, uma verdadeira "corrida armamentista" na luta pela sobrevivência, ou melhor, uma corrida biológica em consonância com a teoria da evolução de Darwin: uma vez estabelecidas as colônias de animais multicelulares, inevitavelmente haverá variações entre os descendentes, e a seleção natural é o motivador do desenvolvimento de novas características, por exemplo, um aparelho sensorial mais avançado.

É provável que a teoria da evolução de Darwin tenha validade universal, simplesmente por ser tão óbvia: as variantes que prevalecem na luta pela existência são as que sobrevivem e têm descendentes férteis.

Afinal, nada sabemos sobre a existência de vida no Universo, e na ausência de qualquer tipo de descoberta, a vida se torna, antes de tudo, uma questão de probabilidade. O Universo é feito de grandes números, mas se imaginarmos que a vida em diversas formas e constituições realmente é um fenômeno disseminado, até que ponto podemos esperar encontrar seres *conscientes*?

Ou, em outras palavras: o que é mais provável: 1) surgirem seres vivos de uma natureza inanimada; ou 2) a consciência em certo momento surgir entre organismos vivos?

A última questão (2) pode parecer tão especulativa quanto a tentativa de estimar as possibilidades de haver vida no Universo (1). Afinal, não temos evidência empírica de qualquer uma das duas teorias, temos?

Pois bem. Podemos talvez aproveitar alguma experiência do nosso próprio planeta. Aqui, a consciência já se mostrou repetidas vezes como um fenômeno comum ou "universal". Os mais diversos sistemas nervosos surgiram e evoluíram de forma mais ou menos independente uns dos outros.

Por exemplo, certos corvídeos apresentam uma memória e uma capacidade de planejamento e de resolução de problemas comparáveis às habilidades humanas. Estamos falando de traços evolutivos paralelos, que surgiram de forma completamente independente ao longo de algumas centenas de milhões de anos. É preciso recuar muito tempo na árvore genealógica da evolução para encontrar um ponto de contato entre aves e mamíferos. Temos que voltar aos primeiros répteis, e entre eles não havia muita consciência ou cognição. Portanto, a estrutura do cérebro dos mamíferos é totalmente diferente da dos cérebros das aves.

Ainda maior é a distância evolutiva — e o salto no tempo — entre moluscos e mamíferos. Mesmo assim, a neurobiologia estuda as células nervosas do polvo para melhor compreender as células nervosas — e a consciência — do ser humano, ainda que o sistema nervoso do polvo apresente uma estrutura completamente diferente da estrutura do sistema nervoso dos mamíferos ou de qualquer outro vertebrado. Se formou de maneira bem distinta, ou surgiu de outra forma.

Com três corações, oito braços e nove cérebros, o polvo mais parece um alienígena (sic!). Este molusco espetacular tem um cérebro para cada um dos oito braços, além de um cérebro central na cabeça. Os nove cérebros funcionam como uma rede neural, sendo, portanto, capazes de trocar informações.

Sim! Falem de qualquer planeta exuberante com uma miríade de seres vivos de cores e formatos tão diversos. Garanto que ali também encontraremos um manancial de diferentes formas de consciência.

Além de uma série de questões mais complexas, a ciência natural hoje se vê diante de dois grandes enigmas: o que aconteceu na primeira fração de segundo do Universo e a natureza da consciência. Não temos motivos para acreditar que haja alguma ligação entre esses que talvez sejam os maiores mistérios da existência, mas tal conexão tampouco pode ser descartada.

Questões mundanas

Se há alguma coisa que a vida me ensinou é que pessoas são pessoas. Sob uma fina camada de diferenças culturais, nossa forma de pensar não é assim tão diferente. Temos muitas das mesmas necessidades e com frequência nos interessamos pelas mesmas questões filosóficas, que tendem a se dividir em duas categorias.

Uma categoria consiste em questões que sem dúvida *podem* até ter respostas, mas talvez sejam inacessíveis para nós. Neste livro, já abordamos algumas delas: O que foi o Big Bang? Qual é a natureza do Universo? Será que a existência de seres conscientes aqui é um mero acaso? Será possível que uma espécie de consciência cósmica tenha se desenvolvido em várias partes do Universo? Essa consciência cósmica é a mesma por toda parte, ou será que há seres no espaço capazes de desvendar bem mais dos mistérios do cosmo que nós?

Para que fazer tais perguntas se as respostas não estão a nosso alcance? No passado, diriam que se preocupar com isso era mais inútil do que pensar no lado oculto da Lua.

Devido à chamada rotação sincronizada da Lua, ela está sempre com a mesma face virada para a Terra. Portanto, sua face mais distante se manteve oculta para a humanidade. Em dezembro de 1968, porém, a *Apollo 8* orbitou a Lua com três astronautas a bordo, e desde então a face oculta da Lua deixou de ser um segredo. (Na verdade, é preciso mencionar que a sonda soviética *Luna 3* tirou as primeiras imagens da face oculta da Lua já em 1959.)

A descoberta da face oculta da Lua não foi o único questionamento para o qual encontraram uma resposta. A história da humanidade é repleta de grandes enigmas que já foram resolvidos:

Como é o polo Sul? Por que as montanhas do Himalaia são tão altas? Por que a costa leste dos continentes americanos parece peças de um quebra-cabeça que se encaixam como uma luva à costa oeste da Europa e da África? Por que ocorrem erupções vulcânicas? Por que o Sol é quente? Como as estrelas se formaram? E o que acontece quando uma estrela morre? O que é um cometa? Há planetas fora do nosso sistema solar? Qual é a idade da Terra? Como surgiram os átomos e de que são feitos? O que é a vida? Como se originaram todas as espécies de plantas e animais? O que é a hereditariedade? Como surgiram os seres humanos? Por que ficamos doentes? Como eclode uma pandemia?

Esses já foram grandes mistérios da humanidade, mas hoje somos capazes de fornecer respostas mais ou menos exatas a todas as perguntas citadas. Para mim, é espantoso concluir que sabemos muito mais sobre o mundo agora do que sabíamos há apenas um século.

E tantas respostas só foram obtidas porque houve pessoas que não tiveram medo de se perguntar sobre "a face oculta da Lua". Hoje, nos perguntamos sobre outras questões e, ao longo deste século, muitas das lacunas na cognição humana estarão preenchidas com conhecimento.

A outra categoria de perguntas consiste nas questões filosóficas que *não* têm respostas definitivas e nunca terão, mas mesmo assim poderão ser cruciais para o nosso entendimento da vida:

O que é uma vida boa? O que é uma sociedade justa? O que é o amor? E a amizade? É possível amar duas pessoas ao mesmo tempo? Que responsabilidade tenho por meus semelhantes? Todas as pessoas são igualmente importantes? Por que achamos que algo é belo, e o que nos faz pensar que algo é feio? O que é o perdão, e quando devemos perdoar alguém?

Mesmo que tais perguntas não tenham resposta certa, isto é, uma resposta eterna ou de validade universal, é importante fazê-las. Não podemos ter a expectativa de viver uma vida boa sem nos perguntarmos o que caracteriza uma vida boa. Não conseguimos construir uma sociedade justa sem tentar definir o que é uma sociedade justa. E talvez não tenhamos muito a ganhar com o namoro on-line antes de refletir sobre o que é o amor.

Existe algo chamado sorte. Mas também há algo chamado arte de viver. Nós também somos responsáveis por nossas próprias vidas.

Quando eu estava na escola, tínhamos algumas aulas sobre "ética", e tais aulas tendiam a se transformar em longas discussões da turma. Pelo que lembro, tratavam basicamente de tudo que *não* deveríamos fazer para não magoar, ofender ou machucar outras pessoas.

Poderíamos, por exemplo, contar uma mentira leve para proteger nosso semelhante de sentir preocupação ou tristeza, ou deveríamos sempre dizer a verdade? Lemos a peça *O pato selvagem* de Henrik Ibsen e debatemos se Gregers Werle fez o certo contando a verdade nua e crua a Hjalmar Ekdal.

As longas discussões em sala também abordavam problemas completamente alheios à vida real: imagine que você está em um campo de prisioneiros onde cem pessoas vão ser fuziladas. Se você se encarregar de realizar a atrocidade, no entanto, apenas cinquenta pessoas morrerão. Do ponto de vista moral, o que seria o mais justificável a se fazer nesse caso?

Não lembro de nenhum professor nos ter perguntado: para que você quer usar sua vida, nesta única vez que está no mundo? Tem algo em especial que gostaria de realizar? Ou algum desafio específico para cuja solução você queira contribuir? Qual a coisa mais legal que você gostaria de fazer? Formem grupos e discutam o que vocês acham que seria uma vida boa. Vale se entusiasmar um pouco e anotar no mínimo três metas grandiosas ou não para a vida que gostariam de viver!

Não fomos ensinados a nos responsabilizar por nossa própria felicidade. Cresci em um país tipicamente protestante, que além do mais se caracterizava pelos ideais do movimento trabalhista. Era uma cultura de humildade, modéstia e solidariedade, todos importantes valores. Mas além disso havia a chamada "Lei de Jante": *Não* pensarás que és especial... *Não* imaginarás que és melhor do que *nós*... *Não* pensarás que prestas para alguma coisa...

Era quase deselegante estabelecer altas ambições para si mesmo. Não entravam na definição do certo e errado. Só que não precisa haver uma contradição entre desejar o melhor para si mesmo e desejar o melhor para os outros. Muito pelo contrário, diria eu. A pessoa que está de bem consigo mesma terá mais facilidade de ajudar os outros do que alguém com muitos problemas e que, portanto, tem mais com que se preocupar.

Na cultura ocidental, os gregos antigos, principalmente, se perguntaram o que faria uma pessoa feliz, ou o que seria uma vida boa. A meu ver, é uma pergunta que todas as pessoas deveriam se fazer.

Somos capazes de machucar os outros, é claro. Podemos nos irritar ou nos magoar com as pessoas pelo simples fato de convivermos com elas, ou até por nos preocuparmos com elas. No entanto, acho que o maior risco que corremos é machucar a nós mesmos.

Por isso, meus queridos netos, estou mais preocupado com a possibilidade de vocês se darem uma rasteira do que com a possibilidade de saírem por aí dando rasteiras nos outros.

A lei criada pelo autor infantil Thorbjørn Egner determina: "Não devemos fazer mal aos outros. Gentileza e simpatia nunca são de menos. De resto podemos fazer o que quisermos".

Está tudo muito bem, tudo muito bom, mas tem uma palavra nessa lei que eu gostaria de trocar. Aparece na última frase: "De resto *devemos* fazer o que quisermos". Isso também pode ser considerado um dever moral. Você não só "pode" se permitir fazer o que quiser. Você *deve* fazer o que quiser. (Desde que não faça mal aos outros...)

*

Certa vez, há muitos anos, eu ia me apresentar para uma grande plateia num evento que os organizadores chamaram de "encontro filosófico da juventude". A programação começou com uma breve entrevista no palco seguida de perguntas da plateia.

Esperando o evento nos bastidores, eu conversava com a apresentadora, e nos minutos antes de sermos chamados, a mulher do nada me fitou com um olhar decidido e perguntou:
— Se uma pessoa casada de repente se apaixonar por outra, que talvez seja "o grande amor" de sua vida, o que ela deve fazer? Deve se manter fiel ao homem com quem viveu segura e feliz por muitos anos? Ou deve seguir seu coração e se entregar ao grande amor?

Supus que ela quisesse me preparar para a conversa com o público antes de subirmos ao palco, que esse tema em particular talvez fosse abordado por algum participante ou por ela própria. No entanto, notei um leve tremor em sua boca e percebi que a pergunta fora pessoal, que tinha a ver com sua própria vida, que ela estava travando uma batalha interna, como se diz, ou remoendo pensamentos, e aproveitou a oportunidade para pedir um conselho ao "filósofo", enquanto ainda estávamos a sós.

É justamente o tipo de pergunta que não tem qualquer resposta definitiva, e eu não conhecia essa mulher, nem seu marido ou sua nova paixão. Além do mais, fiquei desconfortável com o tanto de autoridade que ela claramente atribuía a mim, mas estávamos prestes a iniciar um evento juntos, e senti que lhe devia uma resposta.

Acho que eu disse que se ela chegasse à conclusão de que deveria "seguir seu coração" dessa vez, como havia dito, talvez não pudesse fazer o mesmo diante de um próximo dilema. O contrarregra acabou chegando bem naquele momento, e nos apressamos a subir ao palco.

A apresentadora fez uma introdução competente, delineou algumas questões às quais poderíamos posteriormente voltar, e então discutimos alguns outros pontos antes de o público ter a chance de participar. Diversos ajudantes espalhados pelo auditório passavam os microfones àqueles que levantavam a mão.

Fui bombardeado com perguntas e comentários, e todas as perguntas tinham um paralelo com o questionamento levantado pela apresentadora nos bastidores.

Queriam saber se eu acreditava no "grande amor".

Essa pergunta já me foi feita inúmeras vezes, o que, pensando bem, é normal, visto que o amor afeta profundamente um grande número de pessoas, assim como questões sobre vida e morte.

Respondi que sim, mas ao mesmo tempo expliquei que a meu ver esse "grande amor" não é algo que surge na sua vida de uma hora para outra. Não é como ganhar na loteria nem algo que cai do céu, prontinho, como nos contos de fadas.

Como em todas as relações interpessoais, o amor é um processo que nós mesmos ajudamos a alimentar. Até certo ponto, somos também responsáveis por nossa vida amorosa. (Sei que é fácil falar, mas não disse isso a eles.)

*

Muitos escritores passam pela experiência de receber uma pergunta especialmente engenhosa sobre uma determinada obra sua. Às vezes se trata de uma reflexão que nem chegou a passar pela cabeça do autor.

Por outro lado, há algumas perguntas que são feitas tantas vezes que o escritor inevitavelmente abre um sorriso em todas elas. Eis minha pergunta recorrente: Por que a personagem principal de *O mundo de Sofia* é uma menina?

Sempre achei muita graça nessa indagação, e nunca me canso de respondê-la, até porque quem faz a pergunta tem certeza absoluta de que é um questionamento muito sagaz, sem saber que já respondi isso centenas de vezes.

Às vezes, faço uma contrapergunta: Mas por que não? Ou: Por que não uma menina?

Ou posso comentar que no ano anterior ao lançamento de *O mundo de Sofia*, escrevi *O dia do Curinga*, uma história sobre um pai e um filho, portanto, um ano depois escolhi uma menina.

Este último fato, porém, não é muito relevante. A heroína daquele romance filosófico *tinha* que ser uma menina. Sofia, do grego *sophia*, significa "sabedoria", e na tradição grega é um conceito feminino, daí a palavra "filo-sofia", que desde a época de Platão tem sido usada no sentido de "amor à sabedoria".

Também na história da Igreja, especialmente na Igreja primitiva e na Igreja ortodoxa posterior, a "santa sabedoria" de Deus, ou *hagia sophia*, tem sido um conceito central, como no nome da imponente basílica de Constantinopla, Santa Sofia.

Atena, a deusa grega da sabedoria, e Minerva, a romana, são outras personificações femininas da sabedoria. Além disso, em várias culturas temos a imagem da "mulher sábia".

Mas por que a sabedoria foi considerada um princípio feminino? Podemos fazer conjeturas sobre isso, e já cheguei a discutir o assunto com diversas pessoas, tanto na Noruega quanto pelo mundo afora.

Para muitas mulheres, pode parecer essencial *tentar compreender algo*, o que é a essência da filosofia, enquanto para alguns homens talvez seja mais importante *ser compreendido*, o que quase pode ser considerado o oposto da prática filosófica.

Nesse ponto, um e outro vão querer fazer uma pergunta complementar válida: Então por que quase todos os filósofos eram homens?

De fato, ao longo da história houve várias mulheres filósofas. No entanto, a cultura patriarcal simplesmente nunca lhes deu o devido destaque e reconhecimento. As mulheres têm vivido uma opressão de gênero, mas também intelectual. Não faz muito tempo, elas eram proibidas de frequentar a universidade. Somente em 1884 foi decretada uma lei que deu às mulheres o direito de estudar na Universidade de Oslo.

É claro que também há vários filósofos do sexo masculino que se preocuparam menos em compreender do que em serem compreendidos, falhando em sua missão como "filó-sofos".

Sócrates — que aos olhos de Platão era o arquétipo do filósofo — disse que só sabia que nada sabia, chegando a afirmar que seus conhecimentos sobre Eros tinham sido transmitidos pela sábia Diotima. Em oposição a Sócrates, havia os chamados *sofistas*, que andavam por aí se gabando de seus conhecimentos e, em troca de uma boa quantia, proferiam palestras longas e pedantes.

Na Noruega, temos um exemplo brilhante desse contraste na última cena de *Uma casa de bonecas* de Henrik Ibsen. Para Nora, é fundamental tentar compreender seu marido, Torvald, e o que é um casamento. Além disso, ela precisa tentar entender a si mesma, a religião e o que significa ser humano. Já Torvald não faz qualquer esforço para compreender Nora ou o que deu errado no casamento, embora tente ao máximo ser ele mesmo compreendido.

Já vi em algumas ocasiões como certos homens desviam o olhar quando abordo esse assunto, não sei se porque toquei num ponto sensível, ou se, pelo contrário, eles se sentem injustiçados. As mulheres, por outro lado, em sua maioria ficam com os olhos brilhando e um sorriso de orelha a orelha.

Não pretendo aqui descrever a natureza do homem ou da mulher. É claro que conheci muitas mulheres insistentes e sabichonas que só faziam questão de defender as próprias opiniões. E conheci homens genuinamente interessados na busca da verdade, ou seja, que eram verdadeiros "filó-sofos".

A natureza humana tem profundidades um pouco maiores do que essas distinções categóricas entre homens e mulheres.

*

Uma das características humanas mais básicas provavelmente é a vaidade. O desejo de ser querido pelos outros, visto pelos outros, amado pelos outros — e também lembrado pelos outros — é algo totalmente natural à nossa natureza. Todos sentimos isso de alguma forma.

Eu não diria a mesma coisa sobre a pomposidade. Nem todos são pomposos, mas sempre me diverti na companhia de pessoas pomposas. Elas nos oferecem algo, elas nos oferecem algo de si mesmas. São o centro natural das atenções, pelo menos a seus próprios olhos. São capazes de apresentar um show inteiro e muitas vezes são boas contadoras de histórias (sobre si mesmas).

Certa vez, em Londres, conheci um escritor famoso exatamente assim. Nos encontramos em um bar, cada um acompanhado do pessoal de sua respectiva editora, que evidentemente já se conheciam bem, portanto, acabamos nos reunindo em torno de uma grande mesa redonda. Acho que éramos oito almas ao todo.

O famoso escritor era a única figura central da mesa, o único polo do ímã redondo, e ele não permitiria que fosse de nenhuma outra forma, tampouco as outras pessoas ali presentes, ou pelo menos não seu séquito.

Ele espalhava sorrisos e risadas, mas não quis conversar sobre nenhum assunto em específico. Só queria brincar conosco, e logo lançou a isca.

A celebridade queria saber quem era o personagem shakespeariano preferido de cada um, e ele iniciou a enquete desafiando a mulher à sua esquerda. Ele estava sentado na cabeceira, o que foi uma façanha e tanto, já que estávamos em uma mesa perfeitamente redonda.

Foram muitos os personagens de Shakespeare mencionados, e todas as escolhas foram bem justificadas. Acho que se tornou uma regra no jogo que um mesmo personagem não poderia ser citado duas vezes, mas como estávamos entre pessoas cultas do mercado editorial londrino, isso não se mostrou um grande desafio. Eu mesmo escolhi Próspero, de *A tempestade*, tida como a última peça de Shakespeare, porque àquela altura Hamlet e Macbeth já haviam sido mencionados.

Logo estávamos de volta ao ponto de partida, ou seja, à (única) ponta da mesa redonda, e o Mestre continuava a espalhar sorrisos e risadas, semicerrando os olhos.

Então, quem era o personagem shakespeariano preferido *dele*?

Ele soltou uma gargalhada, e deu para notar o toque de escárnio. Ora, disse ele, com certo ar de condescendência. Eu sou poeta! *Obviamente*, é impossível para mim ter um personagem shakespeariano preferido.

Ele não disse que *era* Shakespeare, mas acho que foi exatamente o que quis dizer. Nós mordemos a isca.

Ainda assim, continuo afirmando que me divirto com pessoas pomposas, e esse pavão arrogante não era exceção.

Vivemos juntos aqui por alguns breves segundos cósmicos, e aí há alguns poucos entre nós que encontram grande prazer em se vangloriar na frente dos outros. Como se a morte não existisse, como se as estrelas não existissem. Como se a pobreza e a miséria não existissem.

Para mim, é cômico, mas também tem um quê quase comovente de descaso e infantilidade.

*

Quais são os valores mais importantes da vida? Também aqui encontrei certa unanimidade global, o que não é de estranhar, pois pessoas são pessoas.

Se eu destacar a saúde como um valor fundamental, a maioria das pessoas concordará, afinal, ter saúde é uma condição essencial para ter praticamente todos os outros valores. Comida na mesa, família e amigos — todos fazem que sim com a cabeça. Além disso, as pessoas com quem conversei concordam que, para a grande maioria de nós, é muito importante ter um amor e uma vida amorosa. Outra vez há gestos de concordância e até sorrisos afetuosos.

No entanto, assim que afirmo que viver a natureza ou a natureza intocada (áreas naturais que não foram afetadas pela expansão da humanidade) é um valor essencial, o consenso se desfaz. Já cheguei a ser interrompido por um "Ah... sério? Que interessante". Então me dou conta de que sou norueguês, e por isso tento não ficar falando das densas florestas, das paisagens montanhosas refrescantes e das escaladas de picos desafiadores que existem no nosso país.

Já conheci pessoas que dizem nunca ter visto um céu estrelado ou mesmo um único animal selvagem em seu habitat, com a exceção de pássaros, esquilos e talvez alguns cervos nos parques. Tampouco dizem ter sentido falta. (Acho isso um pouco assustador e inquietante. Será que a humanidade vai se acostumar a viver sem a natureza?)

Outra particularidade norueguesa ou nórdica é igualdade de gênero em nossa sociedade, ou pela menos a tentativa de construir uma sociedade em que essa igualdade seja alcançada.

Não era lá muito fácil ser um rapaz nos anos 1970 e viver, no espaço de poucos anos, transformações radicais. No entanto, a grande maioria dos homens afirmará que hoje, com a emancipação feminina e a luta pela igualdade, a vida é muito melhor.

É tudo uma questão de entender quais são os valores mais importantes da sua vida: participar de reuniões infindáveis de diretoria ou passar o tempo com os filhos.

Lembro de um dia, no final dos anos 1980, quando fiquei esperando com outro pai na entrada da escolinha dos meus filhos. Ele parecia muito estressado e de repente deixou escapar:

— Puxa vida! Ter filhos demanda muito tempo!

Não tive tempo de pensar muito, porque logo também deixei escapar o seguinte:

— Pois é, a *vida* demanda muito tempo.

É possível medir ou comparar os diversos valores da vida? Acho difícil. Mas vez ou outra já cheguei a pensar nas reflexões que uma pessoa faria no leito da morte.

Não acho que muitas pessoas à beira da morte se arrependeriam de não ter acompanhado mais séries de TV. No entanto, isso não significa que seja uma atividade inútil. Assistir a um filme na TV pode ser muito agradável e relaxante.

Tampouco sei se muita gente diria que gostaria de ter lido mais livros, ou de ter ido a mais shows. No meu caso, posso me imaginar lamentando não ter feito mais caminhadas nas montanhas.

Quando se trata de valores, há grandes diferenças entre as pessoas. Eu mesmo não consigo entender completamente uma paixão por boliche, golfe, equitação ou cachorros, mas isso não significa que sou incapaz de reconhecer que essas atividades podem contribuir muito para a qualidade de vida de outras pessoas.

Há, talvez, outro tipo de pensamento que pode nos seguir morte adentro: por que não retomei o contato com um velho amigo? Por que não me dediquei a cultivar mais amizades, ou passar mais tempo com meus pais ou meus filhos? Por que deixei de perdoar essa ou aquela pessoa? Por que traí alguém?

E também: por que não me levei mais a sério? Por que desperdicei meus dons?

Ou: por que não me dediquei mais a ajudar os refugiados e as pessoas pobres deste mundo? Por que não tive uma participação maior no combate à insanidade climática?

Brilho vespertino

Meus queridos, já estamos em junho, e logo nos veremos no chalé da montanha.

Estou no terraço novo, sentado em uma das cadeiras pavão, com o notebook no colo, e sempre que paro de digitar lanço um olhar para o brilho vespertino no horizonte a noroeste.

Agora vou fazer uma pequena pausa, porque sua avó está subindo com dois copos, uma jarra de suco de laranja fresca e cubos de gelo.

O sol se pôs há mais de uma hora, mas o termômetro recém-comprado ainda marca quase vinte graus.

Esta carta aberta que escrevo para vocês tem um fio condutor que não esqueci e que vou manter até colocar o último ponto-final. Mas, além disso, ela tem um fio *solto*, e agora, antes de tudo, vou atá-lo.

No primeiro capítulo, lhes contei sobre uma experiência da minha infância que até hoje me afeta, quase como se tivesse acontecido ontem: a sensação de estar de passagem em um mundo de conto de fadas...

No entanto, uma vez no final da adolescência, passei por outra experiência que de certa forma abrandou um pouco a sensação de fragilidade da vida que tanto me atormentava quando criança. Dessa vez, me senti parte de algo maior, algo que sobreviveria a mim. Aconteceu numa manhã bem cedo, depois de eu ter fugido para a floresta e ter me deitado para dormir a céu aberto.

Me deixei hipnotizar por um par de joaninhas vermelhas com bolinhas pretas nas asas, algumas aranhas minúsculas, menores que a unha do mindinho, e um par de formigas frenéticas, bem pequenas também. Naquele momento, algo se soltou.

O que se afrouxou foi um aperto que eu tinha sobre mim mesmo, e de repente me entreguei ao entorno, ao que antigamente talvez fosse chamado de "natureza toda-poderosa", um termo que implica certa personificação da natureza, ou seja, um conceito semelhante ao panteísmo.

Mas por que fugi da civilização e me enfiei na floresta? Será que havia algo na cidade que me prendia mas que desapareceu assim que me vi em meio à natureza?

Acho que devo contar a vocês parte dessa história agora, não ela toda, e pode ser que eu conte algumas mentirinhas também.

Eu tinha conhecido uma garota. Ou melhor, tinha feito amizade com uma garota, uma amizade profunda, até. Não, não, já estou mentindo! Seria mais correto dizer que eu havia me apaixonado perdidamente por uma garota. Eu tinha dezoito anos, e ela era um ano mais nova, isso no dia em que larguei tudo, matei aula sem o menor pingo de culpa e me enfiei no mato.

Agora, preciso voltar ainda mais no tempo. A primeira vez que vi aquela garota, eu só tinha dezessete anos, era mais novo do que Leo é hoje, e ela só tinha dezesseis anos e meio. No entanto, já naquele momento, numa questão de segundos, me veio à cabeça que aquela era a mulher da minha vida. Se há algo nessa história de que tenho certeza absoluta é que pensei justamente isto: olha ali, pensei, ali está sentada a mulher da minha vida. (Ela estava sentada atrás de uma mesa grande.)

Ora, foi um impulso curioso, um capricho bizarro, uma espécie de ato falho interno, afinal, estou falando de uma garota de dezesseis anos, apenas um ano mais velha do que Aurora no momento em que escrevo isto. Mas não importava, não ali, não naquela hora. Simplesmente me dei conta — depois de doze segundos de contato — de que ela era a mulher da minha vida. (Durante aqueles segundos, tive tempo de comprar uma carteirinha de associado do "grêmio escolar", em que ela ocupava o cargo de tesoureira. Assim, ela também ficou sabendo meu nome.)

Ela era tão... esplêndida.

Não vou lhes dar outros adjetivos. Quanto menos, melhor, e essa palavra única do latim já está de bom tamanho. Convido vocês a consultá-la em um dicionário para encontrar a origem etimológica. (Na época, eu estudava em um colégio renomado e tinha aulas de latim: *splendidus, splendida, splendidum...*)

No entanto, acrescento uma informação importante: desde o primeiro instante, senti que a *conhecia*. Não faço ideia de onde essa sensação veio, mas algo me dizia que ela era o tipo de pessoa que pensaria as mesmas coisas que eu, embora não tivéssemos trocado nenhuma palavra que não fosse sobre o preço da carteirinha de associado do grêmio. (Imaginem, logo eu que não acredito na telepatia!)

Seu nome era Siri, compreendi alguns minutos depois, porque alguém ali perto a chamara assim.

Nos demos bem de cara, e no ano que se seguiu, pertencendo ao mesmo círculo de amigos, nos encontrávamos com frequência no grêmio estudantil, íamos a festas e passeios, e até fomos para o chalé de Hengsen. Foi fantástico. Só havia um porém, e não era coisa pouca. Siri estava "comprometida", como se dizia na época. Em outras palavras, estava namorando outro, que também era membro do tal grêmio, ia às mesmas festas e passeios, e até foi para Hengsen! Um atrevimento! Não tinha o que fazer, mas não desisti da ideia de que tinha encontrado a mulher da minha vida. Uma ou duas vezes até pensei que mais cedo ou mais tarde ficaríamos juntos. Mas só uma ou duas vezes.

A essa altura, vocês já devem ter percebido que a garota de quem estou falando era sua avó. Ou melhor, é sua avó, se tornou sua avó, ela, que há mais ou menos uma hora subiu ao terraço com suco de laranja fresco.

Não vou compartilhar mais dessa história agora. No entanto, o que *já* contei basta para vocês entenderem por que fugi da cidade no meio da semana e me enfiei no mato. Eu queria ficar sozinho. E se a história tivesse acabado ali, se minha ideia fixa sobre "a mulher da minha vida" simplesmente tivesse desaparecido em meio às impressões sensoriais da floresta, e eu e ela tivéssemos acabado nos afastando antes de termos a oportunidade de nos encontrar de verdade, eu não estaria aqui neste terraço escrevendo estas linhas para vocês agora. Tampouco poderia me dirigir a "meus queridos Leo, Aurora, Noah, Alba, Julia e Máni".

Não haveria nem Leo, nem Aurora, nem Alba, nem Julia, nem Máni. O mundo seria um pouco diferente — porque uma ou duas pessoas podem fazer uma grande diferença — e para vocês seis não haveria mundo algum. Pensem nisso!

Pode ser difícil imaginar que se algo no passado tivesse sido só um pouquinho diferente — por exemplo, se um de nossos pais tivesse perdido um ônibus ou um metrô —, nós não estaríamos aqui. Não teríamos vindo ao mundo. O mundo estaria aqui — mas sem nós.

Para muitos de nós, é igualmente difícil imaginar que um dia não estaremos mais aqui. O mundo continuará — mas sem nós.

É quase impossível imaginar nossa própria inexistência, e talvez poucas pessoas tenham dominado essa arte.

Eu mesmo sempre achei *existir* — ou seja, estar no mundo, viver — algo indescritível e estranho. Passei a vida inteira tentando traduzir isso em palavras, e não sei se consegui, mas ninguém pode dizer que não tentei.

Quando era criança, me sentia traído pelos adultos, que não estavam dispostos a admitir que era curioso que o mundo existisse e que nós estivéssemos aqui. O mundo era "normal", afirmavam eles. Mas havia algo dentro de mim que protestava: "É realmente curioso pensar nisso", poderiam ter dito. Poderiam até ter admitido que era um pouco misterioso. Ou totalmente insano, uma loucura...

Conforme cresci, fui aperfeiçoando minha capacidade de me expressar, e o fato de ter me tornado escritor talvez tenha sido minha vingança contra os adultos indiferentes. Prometi a mim mesmo que nunca me tornaria alguém que achasse o mundo algo normal. Prometi a mim mesmo que nunca me "acostumaria" com o mundo.

No entanto, sempre achei no mínimo igualmente difícil traduzir em palavras o contrário de existir, ou seja, a ideia de não existir. Estamos aqui agora, só essa única vez. Somos nós que estamos aqui agora! E nunca mais voltaremos.

Meu primeiro encontro com esse paradoxo foi naquele dia em que vivenciei o mundo como se pela primeira vez. Acho que deve ter sido um domingo. Despertei me sentindo em um mundo encantado, e o castigo por essa clarividência foi ter que reconhecer que um dia morreria. Agora esse dia está um pouco mais próximo. Pensei nisso há pouco, ao olhar para o brilho vespertino no horizonte a noroeste.

Há algo que possa compensar a dor de perder a si mesmo? Será que há algo que possa neutralizar ou suprir essa perda? A pergunta diz respeito a todos nós, sejamos jovens ou idosos, e acredito que há diferentes respostas. Só posso responder por mim:

Se eu pudesse escolher entre morrer agora, sabendo que a humanidade e a biodiversidade deste planeta permaneceriam intactas num futuro ilimitado, *ou* que eu mesmo pudesse viver com saúde até passar dos cem anos de idade, embora num planeta adoentado com um futuro sombrio, eu não teria dúvidas. Sem hesitar, penduraria as chuteiras e me despediria neste mesmo instante, e faria isso com muita tranquilidade, não por considerar essa atitude um sacrifício, ou um dever, mas para salvar um pouco de mim, do que sou e do que é meu.

Essa determinação nada tem a ver com minha idade ou fase de vida, pois pensei exatamente a mesma coisa um quarto de século atrás.

Meu direito de residente na Terra é para sempre. Vou mantê-lo mesmo depois que minha cidadania no mundo exterior, com passaporte válido e número de identidade, tiver expirado há muito tempo.

Para mim, isso tem a ver com *identidade*, ou seja, com quem eu sou. Porque não sou apenas esta carcaça que, neste exato momento, está sentada aqui fora no terraço escrevendo em um computador, nesta noite crepuscular de junho. Para mim, esse tipo de identificação é rasa e superficial demais, não faz sentido. Acho que represento algo maior e mais poderoso. *Sou* algo maior e mais poderoso.

Esse tem sido meu fio condutor nesta carta aberta a vocês. E agora é minha esperança que vocês também possam se identificar com um eu maior, com o próprio planeta que lhes deu vida, e no qual terão uma vida longa.

Muitos de nós já sentimos um arrepio ao sermos lembrados de que não viveremos para sempre, que só temos nossa vida temporariamente, assim como só temos a vida dos outros ao nosso redor temporariamente. Essa constatação pode ser debilitante, para algumas pessoas em raras ocasiões, e para outras ao longo de toda a vida, quase como uma afronta.

Da mesma forma, fico horrorizado ao pensar no que seremos capazes de fazer com nosso planeta.

Talvez fosse um pouco mais fácil deixar este mundo se tivéssemos certeza de que a biodiversidade e a própria base da existência no planeta estivessem garantidas. No momento, estamos jogando roleta-russa com nossa própria identidade, com a profundidade do nosso ser. Porque, ao diminuir a saúde e a diversidade do planeta, diminuímos a nós mesmos.

Não me chamaria de pessimista, já mencionei isso: o pessimismo é só outra forma de dizer "preguiça". Tampouco gosto de me chamar de otimista. Nesse caso, você se blinda contra as realidades da vida.

Entre essas duas extremidades — que, antes de tudo, talvez sejam uma espécie de definição de "mentalidade" —, há a *esperança*. E a esperança é algo diferente e maior do que uma questão de temperamento. Ter esperança envolve lutar. A esperança pressupõe uma fé naquilo pelo qual se espera.

Estas são minhas últimas palavras nesta carta aberta a vocês, meus queridos Leo, Aurora, Noah, Alba, Julia e Máni. Temos muitas razões para lutar por um mundo melhor. E temos ótimas razões para *acreditar* em um mundo melhor.

O que vocês acham disso?

Aliás, como estão as coisas neste planeta no final do século XXI?

Agradecimentos

Agradeço imensamente a Anne Sverdrup-Thygeson, Dag O. Hessen e Øystein Elgarøy, que, com muita boa vontade, leram o manuscrito deste livro e contribuíram, cada um a seu modo, com comentários sábios, graciosos e inspirados.

ESTA OBRA FOI COMPOSTA POR OSMANE GARCIA FILHO EM
PALATINO E IMPRESSA EM OFSETE PELA LIS GRÁFICA SOBRE PAPEL PÓLEN BOLD
DA SUZANO S.A. PARA A EDITORA SCHWARCZ EM JANEIRO DE 2025

A marca FSC® é a garantia de que a madeira utilizada na fabricação do papel deste livro provém de florestas que foram gerenciadas de maneira ambientalmente correta, socialmente justa e economicamente viável, além de outras fontes de origem controlada.